AI는 중립적인가? _과학기술과 정치

일러두기

1. 책 이름은 『 』로, 논문과 보고서, 법령 등은 「 」로 표기했으며, 신문과 잡지명은 〈 〉로 구분했다.
2. 외래어는 주로 국립국어원의 외래어 표기법에 따라 표기했다.
3. 본문에 인용한 참고 문헌은 미주로 처리하여 출처를 밝혔다.
4. 본문에 인용한 그림(사진)은 책 말미에 출처를 정리했고, 자유 이용 저작물은 따로 표기하지 않았다.

AI는 중립적인가? _과학기술과 정치

초판 2쇄 발행일 2024년 4월 15일
초판 1쇄 발행일 2022년 11월 17일

지은이 박재형
펴낸이 이원중

펴낸곳 지성사 **출판등록일** 1993년 12월 9일 **등록번호** 제10-916호
주소 (03458) 서울시 은평구 진흥로 68, 2층
전화 (02) 335-5494 **팩스** (02) 335-5496
홈페이지 www.jisungsa.co.kr **이메일** jisungsa@hanmail.net

ⓒ 박재형, 2022

ISBN 978-89-7889-510-1 (03300)

이슈로 세상 읽기!

AI

과학기술과
정치

인공지능(Artificial Intelligence)

는

중립적인가?

박재형 지음

지성사

블록체인과 정치 개혁

 기후변화의 정치

2022년 제20대 한국 대통령 선거는 역대 최소 표차인 24만 표, 0.73퍼센트포인트 차이로 당락이 결정되었다. 2020년 미국 대통령 선거 역시 박빙의 승부 끝에 투표 완료 후 며칠이 지나서야 당선자가 확정되었다. 미국 대선에서는 결과에 승복하지 못하고 부정선거 의혹을 주장하는 세력에 의한 연방 국회의사당 점거 폭동 등 사상 초유의 혼란이 이어졌다.

공화당과 민주당 양당제 정치가 자리 잡은 미국, 외관상 다당제임에도 불구하고 사실상 양당 구도의 정치가 이루어지는 한국, 두 나라에서 모두 시간이 갈수록 대통령 선거 등 주요 선거전이 첨예한 대결 양상을 보인다. 그 과정에서 양쪽 진영 지지자 사이의 정치적 입장 차이는 더욱 뚜렷해지고 중도적인 입장은 묻혀버리는 양극화 현상이 심해지고 있다. 또한 같은 진영 안에서는 가장 극단적인 소수가 진영 전체의 입장을 대변하고 좌지우지하는 행태가 계속되면서 여기에 환멸을 느낀 다수가 정치적 입장을 드러내지 않거나 기존에 속했던 진영에 등을 돌리기도 한다.

2020년 한국 국회의원 선거가 부정선거였다고 주장하는 소수의 보수 우파 집단은 자신의 주장에 반대하거나 심지어 적극적으로 동조하지 않는다는 이유만으로 같은 진영의 정치인, 학자, 언론인 등에게 인신공격 수준의 비난 공세를 서슴지 않았다. 진보 좌파 역시 다를 바 없다. 특정 정치인을 지지하는 극단주의 집단과 조금이라도 다른 견해를 밝히는 순간 수만 건의 문자 메시지 공격으로 해당 정치인의 통신을 마비시키고 진영 내 공포 분위기를 조성한다.

미국이나 한국 할 것 없이 대다수 사람은, 과학기술의 급속한 발달과 함께 모든 것이 진보하고 있지만 정치만큼은 오히려 퇴보하고 있다고 우려한다. 여기서 우려하는 정치적 퇴보의 핵심은 소수 극단주의자에 의해 정치적 양극화가 계속 심해지고 있다는 사실이다. 이러한 정치적 양극화·극단화 경향은 사회 구성원 사이를 더욱 갈라지게 하고 골을 깊게 만들어 결국 사회 전반을 병들게 한다.

모든 분야의 발달과 달리 정치의 퇴보 또는 퇴행, 정치적 양극화와 극단화가 갈수록 심해지는 이유는 무엇일까? 좀 더 범위를 좁혀, 분명히 소수·비주류였던 극단주의적 강성 집단의 목소리와 영향력이 언제부터인가 주류로 자리 잡은 배경은 무엇일까? 이러한 문제의 원인을 찾고 해결할 방법은 무엇일까?

이 책은 바로 이러한 문제들의 답을 찾으려는 과정에서 출발했다. 그리고 이 문제들의 핵심에는 인터넷, 소셜미디어, 인공지능, 데이터, 생명과학 등과 같은 과학기술이 있다는 점에 주목했다.

정보기술(IT) 등 과학기술이 세계인에게 수많은 혜택을 제공하고 사회적 소통과 발전에 막대한 기여를 했다는 점은 누구도 부인할 수 없다. 그런데 여기서 이런 의문이 든다. 과학기술이 어느 정도의 영향을 어떻게 미치고 있는지 과연 우리는 정확히 파악하고 있을까?

분명한 것은, 개인이든 국가 정책을 수립하고 집행하는 정부든 현재 과학기술의 영향에 관해 지극히 일부만을 알고 있다는 사실이다. 정치적·경제적·사회적으로 막대한 영향을 미치고 사실상 그것을 지배하다시피 하는 과학기술이 현재 미치고 있는 영향을 이해하지 못한 결과는 우리의 상상을 초월할 수 있다.

더욱 심각한 것은, 정치체제를 떠나 각국 정부나 정당 등 정치권은 과학기술의 영향을 정확히 파악하지도 못한 채 그것을 정치적 목적 달성의 수단으로 적극적으로 이용하고 있다는 점이다. 개인 역시 이러한 환경 속에서 크고 작은 자신의 목적에 맞춰 과학기술을 이용한다. 하지만 그 과정에서 자신이 얼마나 부정적인 결과를 만드는 데 가담하고 있는지 인식하지 못한다.

민주주의 정치 원칙은 소수의 사회주의자를 제외하면 모두가 보편적 가치로 인정하고 따르려고 한다. 그런데 현재 우리 사회를 지탱하는 민주주의 정치 원칙은 오래전 농경사회를 기반으로 만들어졌다. 스마트폰을 기본으로 하는 현대의 소통 방식은 과거에는 상상도 못 했으며, 이는 지금 이 시간에도 급속히 발전하고 있다. 이에 따라 정치적·사회적 쟁점과 논의할 의제는 무궁무진하다.

이와 관련해서 최근 눈길을 끄는 사건이 일어났다. 세계적인 전기자동차 제조사 테슬라(Tesla)의 CEO 일론 머스크가 소셜미디어 대기업 트위터(Twitter)를 인수한다는 소식이다. 머스크는 성명에서 "표현의 자유야말로 제대로 작동하는 민주주의의 기반이며, 트위터는 인류의 미래에 필수적인 문제들이 논의되는 '디지털 마을 광장(digital town square)'이다"라고 밝혔다. 머스크의 트위터 인수 시도에 대해 일각에서는 소셜미디어상에서 진정한 표현의 자유가 실현될 것이라며 환영했다. 반면 언론 등에서는 이에 대해 상당한 우려를 나타냈다. 세계 최고의 부자 손에 소셜미디어의 통제 권한까지 들어갔다는 것이 우려의 핵심이다. 그러나 머스크의 트위터 인수 계획 발표 후 인수 자금과 트위터 허위 계정 문제 등 양측의 논란이 이어지며 앞으로의 전망이 불투명해졌다.

그렇지 않아도 트위터에는 허위 정보가 넘쳐나고, 머스크 자신도 여러 차례 트위터를 통해 주식과 암호화폐 시장에 막대한 영향을 미치고 혼란을 일으킨 적이 있다. 이러한 상황에서 머스크가 내세우는 소셜미디어에서의 표현의 자유를 단순히 환영해야만 하는 일인지 의문이 들 수밖에 없다. 그리고 머스크의 트위터 인수 논란은 우리가 논의하고자 하는 과학기술과 정치라는 문제에 관한 전반적인 논의를 포함하고 있다는 점에서 더욱 주목된다.

네덜란드 암스테르담에서 2016년 열린 넥스트 웹 콘퍼런스(The Next Web Conference) 연설에서 파이러트베이(PirateBay)의 공동 창업자 피터 순데는 "온라인에는 민주주의가 없다"라고 말했다. 또한 그는 "기술 산업에 종사하는 사람들은 많은 책임이 있지만, 그들은 이런 문제들에 대해 논의하지 않는다. ……페이스북은 세계에서 가장 큰 국가이고, 민주주의 관점에서 본다면 마크 저커버그는 독재자이다"라고 주장했다.[1]

이 발언은 머스크의 트위터 인수 문제와 관련해, 그리고 여기서 함께 생각해 보려는 '과학기술의 정치'라는 광범위한 의제와 관련해 우리에게 시사하는 점이 매우 크다.

 **과학기술과 정치 문제**

문제 제기

미국 국가정보국(DNI)은 2020년 미국 대통령 선거 당시 러시아가 도널드 트럼프 대통령의 재선을 위해 선거 개입을 시도했다는 조사 보고서를 공개했다. 2016년 미국 대선에서도 러시아가 페이스북 등 소셜미디어를 이용해 트럼프의 당선 공작을 벌였다는 사실이 확인되었다.

2020년 4월 한국의 국회의원 선거 후 일각에서는 부정선거 의혹을 제기하며 선거 관리 당국과 공방이 이어졌다. 부정선거를 주장하는 측은 유튜브와 SNS를 중심으로 자신들의 주장을 알리기 위한 노력을 이어갔다. 그들은 또한 2020년 미국 대선에서 트럼프가 재선에 실패한 것은 부정선거 때문이라며 미국 내 일부 극우세력이 계속 생산하는 **음모론***을 한국 총선 부정선거론과 연결하기 위해 닥치는 대로 퍼 날랐다.

2020년 중국에서 시작된 코로나바이러스 사태가 세계적인 유행(팬데믹pandemic)으로 이어지자 감염병의 발생과 확산, 각국 정부의 방역 조치와 백신 접종 문제에 대한 수많은 논란에서는 과학이 아닌 이념에 따른 진영 논리가 지배했다. 아울러 지금 사례로 언급한 사건들의 원인, 발생, 확대, 왜곡 등 전체 진행 과정의 핵심에는 인터넷, 소셜미디어, 인공지능, 데이터, 생명과학 등 과학기술이 있다.

정보기술 등 과학기술에 의한 사회적 변화가 한국뿐만 아니라 세계인에게 제공한 혜택은 엄청나다. 그것을 24시간 이용하고 있는 개인과 관련 정책을 결정하는 정부 모두 현재의 과학기술이 우리에게 얼마나 많은 영향을 미치는지 정확히 파악하지 못하고 있다. 기껏해야 시간이 지난 후에 과거 과학기술이 미친 영향을 이해할 뿐이다. 특히 정치에 대한 과학기술의 영향, 과학기술의 정치적 이용 등을 즉시 이해하지 못한다는 사실은 민주주의 정치과정에 대해 심각한 위협이 될 수 있다.

과학기술은 자유민주주의뿐만 아니라 권위주의 독재 체제에서도 이용된다. 이는 정부의 권리와 의무를 크게 늘린다. 정부는 과학기술을 권력 유지와 강화의 도구로 이용할 수 있다. 다른 한편으로 과

---

* 사회에 중대한 영향을 미친 사건의 배경에 거대한 권력 조직이나 비밀 단체가 있다고 주장하는 행동이다. 흔히 일어나지 않는 사건을 주관적으로 이해하려고 하거나, 우연하고 특이하며 매우 부분적인 사항을 과장해서 해당 사건과 연결하여 해석하는 방식으로 생산된다.

학기술의 이용에 대한 정부의 관리 책임과 의무가 급속히 커진다. 이는 일반 대중도 마찬가지다. 과거에는 생각도 못 했을 정도로 정보를 이용하고 교환한다. 이 과정에서 자신도 모르는 사이에 정보의 오류·왜곡·선동을 강화하게 되고, 이에 따라 대중영합주의(포퓰리즘)과 사회적 양극화가 심화된다.

민주주의에 대한 도전

미국의 퓨 리서치 센터(Pew Research Center)가 2020년 2월에 발표한 인터넷·디지털 등 기술 전문가 대상 설문 조사 결과에 따르면, 응답자 중 거의 절반인 49퍼센트가 앞으로 10년 동안 기술의 이용이 민주주의에 부정적인 영향을 미칠 것이라고 답했다. 반면에 기술이 민주주의를 발전시킬 것이라는 응답자는 33퍼센트에 그쳤고, 10퍼센트는 큰 변화가 없을 것이라고 예상했다.[1]

이처럼 많은 전문가가 과학기술이 민주주의에 미치는 영향을 우려하는 이유는 무엇일까? 러시아, 중국 등 권위주의 국가들에서는 국민에 대한 사회적 통제뿐만 아니라 다른 국가의 민주주의에 영향을 미치기 위해 감시기술·인공지능·빅데이터를 자신들에게 유리하게 이용하는 능력을 급속히 발전시켰다.

세계 각국 시민은 데이터 경제 환경 속에서 다양한 서비스를 이용하고 있다. 그런데 데이터를 이용하는 산업의 기본적 성격과 영향력, 이 산업들에 자원이 지나치게 집중되고 있다. 이에 따라 개인정보 보호, 데이터 소유권, 정치적 및 경제적 목적에 의한 데이터 조작 등 심각한 문제가 계속 발생한다. 선거와 같이 시민의 동의를 기반으로 주권을 유지하는 민주주의 체제에서 이것은 심각한 도전이다. 특히 민주주의와 사회주의 등 정치체제 사이의 경쟁이 계속 더해가는 상황에서 민주주의 국가들이 이 문제를 어떻게 해결·극복할 것인지는 국가의 핵심 능력과 직결될 수밖에 없다.

국가권력이 과학기술을 이용하는 것과 함께 전문가들이 우려하는 부분은 대중의 광범위한 기술 이용이 사회적 신뢰를 높이는 것이 아니라 반대로 사회적 신뢰를 위협하고 갈등을 더 심하게 만드는 상황이다. 의도적이든 의도적이지 않든 사실과 다른 정보 및 이를 이용한 선전·선동은 정부와 언론에 대한 신뢰뿐만 아니라 사람들 사이의 신뢰를 무너뜨린다.

이 문제를 예방·해결해야 할 정부와 기업 그리고 언론이 오히려 사회적 신뢰를 망치는 핵심 역할을 한다. 이에 따라 객관적인 사실 확인조차 어려워지는 사회에서 민주주의의 유지는 더욱 어려워진다. 그리고 누구도 이런 책임에서 자유롭지 못하지만 아무도 책임지려고 하지 않는다. 누구나 자신의 이익을 위해 잘못된 정보를 만들고 확산시키며, 그 책임을 회피할 수 있는 교묘한 방법 찾기에 골몰한다. 정부는 기업을 탓하고, 기업은 언론을, 그리고 대중은 생각이 다른 사람들에게 그 책임을 떠넘긴다.

정부는 하루가 다르게 변화하는 과학기술 집단을 규제하고, 경쟁

OECD 주요국의 디지털 정보 파악 능력(만 15세 기준)

사실과 의견을 식별할 줄 아는 능력

```
(%)↑            OECD 평균 54%
 80
      · 사실·의견 판단 우수              미국    · 사실·의견 판단 우수
      · 디지털 교육기회 미비                       · 디지털 교육기회 우수
                             영국
            튀르키예       뉴질랜드  캐나다
 60                  벨기에
      이스라엘      포르투갈  스웨덴  덴마크
                   핀란드  홍콩        싱가포르
      헝가리  폴란드                        OECD 평균 47%
      스위스   독일          일본
 40   이탈리아  그리스
      노르웨이 프랑스           타이완
      브라질         멕시코
      · 사실·의견 판단 미비              · 사실·의견 판단 미비
      콜롬비아                          · 디지털 교육기회 우수
      · 디지털 교육기회 미비    한국
 20
    30    40    50    60    70    80    90   100 (%)
                         학교에서 정보의 주관성과 편향성 교육 받은 비율
```

PISA의 2021년 보고서에 따르면, 2018년 조사 결과 한국의 만 15세 학생(중3, 고1)은 디지털 정보 파악 능력에서 OECD 평균에 한참 못 미치는 점수를 받았다.

의 규칙을 지키도록 하며, 이를 관리·감독하는 능력을 개발해야 한다. 기업은 사업 모델과 상품이 이용자의 헌법적 권리, 민주주의 제도와 과정에 맞도록 보장해야 한다. 시민은 자신이 이용하는 과학기술 지식과 도구를 더 잘 이해할 수 있도록 '디지털 이해력(digital literacy)'을 키워야 한다. 민주주의 국가들은 인공지능 등 과학기술의 혜택을 공유하는 방법, 부(富)와 권력에 따른 과학기술 이용 기회의 차이가 민주주의 체제를 불안하게 만들지 않도록 하는 방법을 모색해야 한다. 또한 그 과정에서 과학기술의 경쟁력을 통해 경제적 번영과 민주주의 질서를 유지할 수 있도록 해야 한다.

과학기술과 정치 문제에 대해 긍정적으로 생각하는 사람이 여전히 많다. 그들은 과학기술을 민주주의가 직면한 문제 해결에 이용할 수 있으므로 더욱 효과적인 해결 방법이 계속 발전할 것으로 본다. 과학기술에 의한 큰 변화보다 현상 유지가 이어질 것으로 보는 사람들은 긍정적인 결과와 부정적인 결과의 안정적인 조화를 통해 현상이 유지될 것이라고 믿는다.

국가 능력의 핵심

민주주의 정치제도와 과정에 과학기술이 미치는 영향, 그리고 양자 사이의 상호작용에 대한 이해와 문제 해결을 위한 노력은 이제 초기 단계에 불과하지만 그 움직임은 이전보다 뚜렷하다. 정부가 정치권력의 유지를 위해 과학기술을 이용하는 것에 대한 기업·언론·시민사회의 경계심이 높아졌다. '빅테크(big tech)'라 하는 기술 대기업에 대한 정부와 대중의 저항이 확산 중이다. 미국과 유럽연합(EU) 등은 빅테크에 대한 조사에 적극적으로 나서고 있으며, 일부 빅테크는 자발적으로 정부의 규제를 요구하고 있다. 비영리단체 등 시민사회에서는 과학기술이 민주주의에 미치는 영향을 조사하고 대응하려는 움직임을 본격화했다.

사람들은 "과학기술은 정치적으로 중립적이다. 과학기술의 정치화, 정치권력에 의한 과학기술 이용, 정치의 과학기술 영역 침범은 안 된다"라는 주장에 대부분 동의한다. 그러나 현실은 반대 방향으로 빠르게 움직이고 있다. 앞서 밝혔듯이, 과학기술은 자유민주주의뿐만 아니라 권위주의 독재 체제에서도 이용된다. 이는 정부의 권리와 의무를 크게 늘린다. 과학기술은 세계사의 발전을 이끌어왔다. 그러나 과학기술이 정부·기업·대중 등과 어떤 관계를 만들어야 할지는 구성원 모두의 손에 달렸다.

과학기술이 사회적 소통과 발전에 기여한 점은 의심의 여지가 없다. 사람들은 불과 몇 년 전만 해도 상상할 수 없었던 정보에 접근하고 자신의 생각을 몇 초 만에 전 세계에 알릴 수 있다는 사실을 즐기며 이용한다. 스마트폰 등 새로운 형태의 소통 도구와 방식으로 정치적·사회적 이슈에 대한 논의 가능성이 폭발적으로 증가했다. 페이스북, 트위터 등 소셜미디어는 정부·기업·시민사회 모두에게 기본적인 의사소통 도구로 자리 잡았다.

그러나 이러한 상황은 민주주의 체제에 전례 없는 도전이 되고 있다. 이 도전을 민주주의 국가들이 어떻게 해결하고 극복할 것인지가 곧 국가의 핵심 능력이 되었다.

권력, 자본 그리고 기술

2016년에 진행된 미국 대통령 선거와 영국의 유럽연합 탈퇴 여부 결정을 위한 브렉시트(Brexit) 국민투표를 계기로 소셜미디어를 통한 외국의 간섭과 유권자 조작 시도 등이 본격적인 정치 문제로 떠올랐다. 2019년 초 미 의회에 제출된 「뮬러 보고서Mueller Report」에는 "러시아 정부가 2016년 미국 대선에 전면적이고 체계적인 방식으로 개입했다"라고 기술되어 있다.

「뮬러 보고서」에 따르면 러시아에 본부를 둔 '인터넷 리서치 에이전시(Internet Research Agency)'는 마치 미국의 활동가들이 운영하는 것처럼 보이는 소셜미디어 계정(페이스북, 트위터, 인스타그램)을 통해 수백만 명의 미국 소셜미디어 이용자에게 접근할 수 있는 능력을 갖추고 있다. 이들의 소셜미디어 캠페인은 "미국의 정치적 불화를 유발하고 증폭시키는 것"과 "공화당 트럼프 후보 지지율 상승"을 목표로 했다. 두 번째 주요 캠페인은 민주당 힐러리 클린턴 후보의 선거 운동에 피해를 주기 위한 러시아 정보부의 해킹 작전이었다. 또한 미 연방수사국(FBI) 특별위원회는 2020년 미국 대선에서도 러시아의 간섭 위험이 증가할 것이라고 경고하기[2]도 했다.

정치권력은 소셜미디어를 권력의 도구로 이용하려는 시도를 계속해왔다. 그런데 중요한 점은 2016년 러시아의 미 대선 개입 스캔들은 그때만으로 그치고 만 사건이 아니라는 사실이다. 소셜미디어가 선거와 정치 담론에 미치는 영향은 세계적인 현상이 되었다. 홍콩 민주화 시위 과정에서 트위터와 페이스북은 중국 정부가 지원하는 것으로 추정되는 허위 정보를 막기 위해 다수의 중국인 계정을 차단했다. 인공지능을 이용한 봇(Bot)*, 타깃 조작 등을 통해 유권자와 대

미국 정치 선거를 표현한 그림으로,
민주당을 상징하는 파랑 당나귀와
공화당을 상징하는 빨강 코끼리가
서로 노려보고 있다.

중을 조종하려는 정치권의 시도는 더욱 분명해졌다.

플랫폼은 민주적인가

많은 전문가는 다음과 같은 이유로 기술의 이용이 민주주의와 민주적 대표성에서 가장 중요한 부분을 크게 약화시킬 것이라고 생각한다.

첫째, 정치권력은 대중의 신뢰를 조작하기 위해 소셜미디어 등 기술을 이용한다. 자신에 대한 신뢰를 높이고 정치적 반대파에 대한

---

* 로봇(robot)의 줄임말로, 인터넷 등 온라인에서 자동화된 작업을 실행하는 소프트웨어 응용 프로그램(애플리케이션)이다. 주식이나 암호화폐의 거래부터 전화 등을 이용한 광고 홍보 활동을 포함해 광범위하고 대규모로 이루어지는 인간의 활동을 모방하고 대신하려는 목적으로 사용한다.

불신을 키우기 위한 행동이다.

둘째, 정치권력과 대중이 정보를 만들고 수집하며 배포하는 매체, 그리고 정치적 이해관계자들이 모두 참여하는 플랫폼은 모두 영리를 추구하는 기업이 독점적으로 운영한다. 이러한 플랫폼은 모든 사람이 똑같이 이용할 수 있는 것이 아니며, 사회 복지 또는 광범위한 시민 참여를 촉진하기 위해 운영되는 것도 아니다. 플랫폼을 독점한 기업들의 이윤 추구 동기, 사업 모델, 데이터 수집 방식, 사업 과정 등은 투명하게 공개되고 있지 않다. 또한 이 플랫폼들의 일방적인 정보 전달 방식은 민주주의 제도에 적합하지 않을 수 있다.

더 나아가 이러한 플랫폼들의 소유자와 기업, 정부와 정치권 등은 디지털 추적 데이터의 수집뿐만 아니라 거래까지 하고 있다. 또한 대중의 감시를 위해 데이터를 수집하고 분석하는 핵심 기술인 머신러닝(machine learning) 기반 기술이 급속히 발전하고 있다. 이러한 머신러닝 기반 감시기술의 강화는 시민사회의 토론 과정을 거치지 않기 때문에 대중이 정치과정에 안전하고 공정하게 참여할 수 있는 능력을 위협할 수 있다.

과학기술이 민주주의에 부정적인 영향을 미칠 것이라는 우려와 관련해서는 다음과 같은 논의 주제가 있다.

첫째, 권력을 가진 사람이 대중이 아니라 자신을 위한 시스템을 구축하여 권력을 유지하려고 하므로 민주주의가 위험에 처해 있다.

둘째, **정치 엘리트**[*]는 기술 시스템을 통제함으로써 기술을 무기화한다. 또한 과학기술은 그들의 힘을 강화하기 위한 새로운 도구와 전술을 제공한다.

셋째, 불균형의 심화는 개인의 정부에 대한 믿음뿐만 아니라 민주주의 행위자로서의 영향력을 더욱 약화시킨다.

넷째, 결과적으로 이러한 상황이 현실이고 운명이며 정상적으로 되돌릴 길이 없다고 여기는 사람들은 이상적인 민주주의를 포기하게 되고, 국가권력과 정치 엘리트는 대중에 대한 더 많은 통제권을 확보하고 이를 유지하게 된다.

독점에 따른 불균형

이러한 문제들이 모두 현실이라는 점에서 현재는 위기 상황이라고 할 수 있다. 소수의 대기업이 개인의 디지털 생활을 통제하고 있으며, 이용자는 여기에 대한 발언권이 없다. 이처럼 권력을 독점한 정부, 플랫폼을 장악한 기업, 그리고 이용자의 관계에서 힘의 불균형이 계속된다면 민주주의 제도의 쇠퇴는 불가피할 것이다.

게다가 과학기술 문화는 대중문화로 자리 잡아가고 있다. 과학기술의 독점이 만들어낸 문화는 개인의 삶과 생각에 중대한 영향을 미친다. 과학기술과 플랫폼을 독점한 이들은 세상을 이해하고, 건설적

---

* 정치와 권력의 영역을 지배하고 주도하며 영향력을 가지고 있는 사람 또는 그 집단을 가리킨다. 일반적으로 국민의 선거를 통해 선출하는 지방의회 의원, 지방자치단체장, 국회의원, 대통령부터 정당 대표 등 지도부, 행정부 고위직 등을 의미한다. 사람에 따라 대상 폭이 좁거나 상당히 넓어지기도 한다.

으로 서로 관계를 맺고, 가치를 느끼며, 상황을 어느 정도 통제할 수 있는 능력 등을 자신의 목적과 이익을 위해 이용한다. 만약 이 같은 현실이 변화하지 않는다면, 개인은 자신의 존재와 생각을 효과적으로 관리할 수 있는 능력을 잃게 될 것이다.

2020년 한국 국회의원 선거와 미국 대통령 선거가 부정선거였다는 주장이 한국과 미국에서 여전히 계속되고 있다. 이러한 주장을 하는 이들은 한국 또는 미국의 국내 정치 세력이 중국 공산당과 결탁해 총체적인 선거 부정을 저질렀다고 주장한다. 한국과 미국에서 이러한 주장은 정치적 목적에 의한 의혹 제기에 불과했으며 어떠한 증거도 찾지 못했다. 하지만 그들의 주장과 같은 일이 현실이 될 가능성은 결코 무시할 수 없다.

만약 국내의 정치 세력과 중국·러시아 등 외국의 반민주주의 세력이 함께 과학기술 환경을 최대한 이용해 음모론 등에 의한 여론 조작에 나선다면 어떻게 될까? 그러한 사례는 이미 러시아의 2016년 미국 대선 개입에서 확인되었다. 당시 이를 통해 선거에 승리했던 집단이 이번에는 2020년 선거가 중국 공산당에 의한 부정선거였다고 선동한다. 그리고 한국에서도 이와 비슷한 시도가 이어진다.

이러한 상황은 거짓 정보에 대응하거나 유권자에게 정확한 정보를 효과적으로 알리기 위한 언론과 시민사회의 노력을 무력화할 수 있다. 그 과정에서 코로나바이러스 돌연변이를 능가하는 수많은 정보의 변이가 이어지고 사회는 분열된다. 대중은 자신이 지지하는 쪽에서 생산한 정보만을 사실이라 믿고 그 이외의 정보는 거짓이라는 틀에 갇힌다.

이에 따라 인공지능 알고리즘에 의해 "닫힌 방 안에서 같은 생각을 하는 사람들의 소리만 듣는다"는 에코 체임버(echo chamber) 현상은 더욱 심해진다. 정치인은 이 문제를 알면서도 개선하기 위해 노력하지 않고 이를 최대한 유리하게 이용할 궁리만 한다. 결국 이 문제를 해결할 수 있는 길은 더욱 찾기 어려워진다.

누구에게나 개방적인 검열 없는 인터넷 환경은 정치권력의 통제와 안정성에 위협이 될 수 있다. 그러나 반대로 새로운 기술은 국가의 감시와 통제에 최고의 기회가 될 수 있다. 여러 정부는 두 가지 사실

에코 체임버는 소셜미디어라는 상자에 갇혀 자신과 같은 생각을 하는 사람의 말만 듣는 현상이다.

을 모두 일찍부터 이해했다. 실제로 대규모 데이터와 첨단 인공지능 기술의 결합은 정부가 국민을 감시·통제하고 영향력을 행사하는 데 과거에는 없던 훌륭한 수단이 되고 있다.

예를 들어 인공지능 기반 감시기술은 지난 10년간 비약적으로 발전해 새로운 경지에 도달했다. 이메일, 전화, 문자 메일, 메신저 애플리케이션, 소셜미디어, 온라인 결제 등 모든 전자 통신이 감시의 대상이 되었다. 검색 기록, 추적 도구 및 소셜 로그인을 통해 모든 개인의 데이터를 수집·분석할 수 있다.

인공지능 알고리즘은 이러한 데이터를 바탕으로 심리학적인 분석도 제공한다. 얼굴·음성·동작 인식 등 인공지능 기반 감시기술이 발전하면서 공공장소 감시카메라망도 함께 등장해 현실 속 개인을 추적할 수 있게 되었다. 다른 기술의 발전과 마찬가지로 예측 분석과 함께 감시 도구를 이용해 정부는 보안·안전을 이유로 대중을 통제하고 대중의 행동을 예측해 대응할 수 있다.

권위주의 국가는 이러한 도구들을 이용해 어떠한 종류의 반대도 초기에 감지하고 예방할 수 있다. 또 지배 엘리트에 의한 권력 독점과 경제력 집중에 도전하는 야당과 시민사회단체의 행위를 막을 수 있다. 권위주의 정부는 민간기업이 수집하고 저장하는 모든 정보와 데이터에 강제로 접근할 수 있으므로 시민의 모든 삶이 국가에 의한 감시와 통제 수단의 범위 안에 있게 된다.

디지털 권위주의 시대

모든 종류의 스마트 기기를 포함한 **사물인터넷(IoT)**[*]은 시청각 수단과 함께 다양한 센서를 이용해 감시망을 더욱 확대할 수 있다. 중국이 운영 중인 사회신용평가제도는 대중 스스로 검열하고 정부가 관리한다고 하지만, 개인이 정부에 종속되어 정상적이고 평범한 사회생활을 할 수 없도록 하는 강력한 도구가 되었다.

이러한 도구들은 '디지털 권위주의의 대두'라는 상황을 불러왔다.[3] 사실 감시기술은 '이중 사용'이라는 특성으로 인해 국민을 보호하는 데 이용되는지, 감시·탄압하는 데 이용되는지 구분하기 쉽지 않다. 교통 통제나 범죄 퇴치를 위한 감시 기반 시설이 반대파를 감시하거나 단속하는 도구로도 사용될 수 있다.

중국 기업들은 감시기술을 자국 정부뿐만 아니라 다른 국가 정부와 보안기관에 수출하는 주요 업체로 알려졌다. 이는 부분적으로 중국의 **일대일로(一帶一路)**^{**} 틀 아래 있지만 그 이상이기도 하다. 보이시주립대학의 스티븐 펠드스타인은 "중국은 말레이시아, 싱가포르, 짐바브웨, 세르비아 등을 포함한 50개국 이상의 정부에 인공지능 감시기술을 제공함으로써 감시기술의 적용이 세계적인 현상이 되도록

---

* 사람 사이의 소통을 넘어 인터넷에 연결된 사물에 센서와 통신 기능을 추가해 사람과 사물, 사물 사이 데이터를 공유하는 기술이다.

** 2014년 11월 중국에서 개최된 아시아 태평양 경제 협력체(APEC) 정상 회의에서 시진핑 중국 국가주석이 제창한 국가 정책 사업이다. 기존 해양 선적에 의한 무역을 줄이고 유럽에서 동아시아까지 철도로 무역을 한다는 구상이다.

하는 데 중요한 역할을 했다"라고 주장한다.[4]

전 세계적으로 인공지능 시스템은 권위주의 정권을 선동하고 시민과 국가 간의 관계를 뒤집을 수 있는 잠재력을 보여주고 있으며, 이로써 권위주의의 세계적 부활을 가속화하고 있다. 또한 대규모 데이터베이스와 첨단 머신러닝 기술을 기반으로 하는 안면인식 기술은 반대 세력을 억압하고자 하는 권위주의 정부의 시도를 현실로 만들어주는 '게임 체인저(game changer)'*가 되고 있다.

민주주의 국가 정부에서는 권위주의 국가에서와 달리 감시기술의 광범위한 사용이 쉽지 않다. 의회 등 입법부와 대중의 반대가 강하기 때문이다. 그러나 정부는 테러 예방, 범죄와의 전쟁 등을 위해 감시기술을 사용해야 한다고 설득한다. 테러 공격으로 인한 피해와 끔찍한 범죄 사건은 정부의 입장에 찬성하는 쪽으로 여론을 변화시킬 수 있다. 미국은 시범 프로젝트의 하나로 멕시코 국경 교차로에 안면인식 기술을 배치하고 생체인식 시스템을 설치했다. 미국 공항에서는 해외 출국 승객을 대상으로,[5] 그리고 독일·영국·일본 등의 국가는 공공장소에서 안면인식 기술을 사용하거나 시험 운용하기 시작했다.[6]

---

*기존의 판도, 흐름을 통째로 바꾸거나 뒤집어 놓을 만한 결정적 역할을 한 사람, 사건, 서비스, 제품 등을 의미한다. 애플의 창업자 스티브 잡스와 그가 개발한 아이폰, 마크 저커버그의 페이스북 등을 예로 들 수 있다.

데이터, 인공지능: 감시 자본주의

기술기업들은 기본적으로 온라인 검색, 소셜 커뮤니케이션, 게임 및 기타 엔터테인먼트 같은 서비스를 무료로 제공한다. 그들의 주 수익원은 광고인 만큼 최적화된 광고를 제공하는 과정에서 이용자의 관심을 끌기 위해 데이터를 수집한다. 구글과 페이스북 같은 빅테크는 미국 디지털 광고 시장의 60퍼센트를 점유하고 있으며, 이를 바탕으로 기업 가치는 천문학적 수준으로 높아졌다.[7]

빅테크는 대규모 데이터를 독점적으로 통제함으로써 각각의 시장 부문뿐만 아니라 인공지능 개발과 훈련에도 막강한 능력을 확보했다. 그리고 이를 바탕으로 기존 시장에서 입지를 더욱 강화하고 새로운 시장에서 유리하게 출발할 수 있다.

강해진 권력, 약해진 대중

하버드대학교의 경제학자 쇼샤나 주보프는 새로운 '감시 자본주의(surveillance capitalism)' 시대를 이렇게 설명한다. 소수의 기술 엘리트 손에 데이터, 지식, 자금력 및 통신 채널을 통제할 수 있는 능력이 빠르게 집중되었으며,[8] 이는 경제적·정치적 영향력의 비대칭성이 급속히 강해지는 결과를 초래했다.[9]

이러한 평가는 이스라엘의 역사학자 유발 하라리와 비슷하다. 하라리는 정치에서 부족주의가 강화되고 민주주의 사회에서 권위주

감시 자본주의로 소수의 기술 엘리트의 손에 데이터, 지식, 자금력 및 통신 채널을 통제할 수 있는 능력이 집중된다.

의적이고 포퓰리즘적인 흐름이 강화되는 것이 이 시대의 기술 발전과 밀접하게 연관된 것으로 분석한다. 그는 정치과정에 대한 대중의 영향력은 찾아보기 어려울 정도로 감소하고 민주주의에서 자유로운 의사 결정과 선거는 명목으로만 남게 될 것을 우려한다.[10]

2021년 9월 페이스북에서 프로젝트 매니저로 근무했던 프랜시스 하우겐이 자신의 이름과 얼굴을 공개하고 페이스북의 문제를 폭로하면서 세계 언론의 관심이 집중되었다. 그는 "페이스북은 사회적 이익과 기업 이익 사이에서 항상 기업의 이익을 택했다"라며 "여러 소셜미디어 기업에도 문제가 있지만 페이스북이 그중 가장 심각하다"고 주장했다.[11]

기술 관계자들은 자신들이 만든 것에 대해 경고한다. 이러한 경고는 학계, 정치권 등에서 나오는 것들과 의미가 다르다. 가장 노골적인 비평가 중 몇몇은 최근의 기술 발전에 중요한 역할을 한 당사자들이다. 이전에 구글에서 디자인 윤리를 책임졌던 트리스탄 해리스는, 수십억 명의 사람이 선거와 같이 민주주의와 관련된 결정에서 소수 회사의 영향을 점점 더 많이 받는다고 말한다. 알고리즘이 사용자의 시간을 두고 경쟁하는 **주의 경제**(attention economy)* 환경에서는 합리적이고 사실에 기반을 두기보다 선정적이고 감정적인 콘텐츠를 전진 배치하기 때문이다. 정치적 이슈에서도 마찬가지이다.[12]

생활 속의 '빅브라더'

스마트폰과 무료 콘텐츠의 세계적인 보급으로 사람들은 경제 수준, 인종, 종교 및 정치적 배경과 큰 상관없이 온라인 정보를 이용할 수 있게 되었다. 이에 따라 데이터 경제가 확산되었고 거의 보편화되었다. 동시에 이용자는 국경과 정치체제를 넘어 지극히 개인적인 정보까지 빠르고 편리하게 다른 사람과 교환하는 것에 익숙해졌고, 사실상 24시간 다른 사람이 자신을 관찰하고 있다는 사실에도 빠르게 익숙해졌다. 조지 오웰의 소설 『동물농장』의 빅브라더가 현실이라고 해도 놀랍지 않을 상황이다.

---

* 선정적, 자극적 내용의 콘텐츠 등으로 이용자의 시선을 빼앗고, 그것으로 돈벌이를 하는 경제 행위를 가리킨다. 전통적인 광고, 홍보 등이 이미 주의 경제로 자리를 잡았지만, 인터넷 시대에 들어 자신을 팔아서 대중의 관심을 얻고 그것을 통해 인기, 명예, 돈을 추구하는 행태가 급속히 확산하며 부정적인 의미가 강해졌다.

타인이 나를 관찰하는 기술은 이 순간에도 발전하고 있다. 스마트 TV, 스마트 워치, 피트니스 트래커, 가상 비서 등과 같은 첨단기술 제품들이 주머니 속에 들어 있는 스마트폰과 연결된다. 쿠키, 추적 도구 및 소셜 로그인을 통해 플랫폼과 웹사이트 및 장치에 걸쳐 이용자의 온라인 행동에 관한 데이터를 동기화할 수 있다. 이것들은 개인의 위치, 행동, 태도, 기분, 선호, 사회생활 등에 대한 정보를 지속적으로 제공한다. 또한 데이터 경제 분야 기업들은 정확한 성격 프로파일과 행동 예측이 가능하도록 정보를 가공해 개인 한 명 한 명을 표적화, 즉 '마이크로 타기팅(micro targeting)' 할 수 있다.

많은 사람이 개인정보 보호와 관련한 불편함을 느끼고 있다. 그러나 미국의 한 설문 조사에서 알 수 있듯이, 대다수는 여전히 더 나

자동 인식을 장착한 마이크로 봇으로 각 개인들을 표적화할 수 있다.

은 개인정보 보호보다 '무료' 서비스를 선호한다.[13] 이는 2016년 미국 대통령 선거 당시 페이스북 이용자의 개인정보가 트럼프 후보의 선거운동을 목적으로 유출되었던 '케임브리지 애널리티카 스캔들(Cambridge Analytica scandal)'에서도 확인되었다.

개인정보가 공공재인가

개인정보 보호 문제는 대부분 사용자의 소셜미디어 행동에 실질적이거나 지속적인 영향을 주지 않는다. 무료 서비스를 받는 대신 서비스 제공자가 자신의 개인정보를 이용하도록 하는 '거래'는 사용자가 그 의미와 조건에 대해 잘 알고 있다는 것을 전제로 한다. 이때 그 거래는 개인 선택의 자유로 간주할 수 있다.

그런데 과연 그 거래가 이용자의 자발적 동의에 의한 것이냐는 문제가 있다. 많은 서비스와 도구는 이용자가 데이터를 통제하고 개인정보를 보호할 수 있는 선택의 자유를 강하게 제한한다. 개인이 온라인에서 무엇을 하고 있는지 추적되고 개인정보가 수집되는 것을 피하기란 거의 불가능하다. 개인정보 보호와 관련된 고지사항과 이용약관은 대부분 의도적으로 모호하고 광범위하며 장황하다. 이러한 고지사항이나 이용약관을 꼼꼼히 읽는 사람이 몇이나 될까?

이용자는 대부분 서비스 제공자가 자신의 데이터에 접근해 그것을 처리·확산할 수 있는 능력의 정도를 인식하지 못한다. 또한 개인정보 보호를 우려하는 이용자는 가족·친구 및 동료와 연결할 수 있는 주요 소셜네트워크 및 메시지 서비스를 대신할 적절한 다른 수단을 마련하기 어려우므로 마지못해 이러한 현실을 받아들이고 있다.

누군가 '개인정보도 공공재(公共財)'라고 주장한다면 대부분은 동의하지 않을 것이다. 그러나 현실은 다르다. 개인정보 보호에 관한 논의와 우려는 주로 이용자의 권리와 개인 자료의 보호에 관한 것이다. 그런데 정치적 관점에서 보면 이 문제는 훨씬 복잡해진다.

이용자 데이터가 몇몇 대기업의 손에 집중되면서 기업은 이용자의 지식, 생각, 의견, 정서 등에 접근할 수 있게 되었다. 이러한 데이터를 기반으로 서비스 제공 기업은 이용자가 인식하지 못하는 사이에 동의 없이 그의 행동을 개인 맞춤형으로 바꾸는 시도를 할 수 있다. 민주주의 사회와 권위주의 사회 모두에서 이러한 지식과 영향력은 경제적 목적뿐만 아니라 정치적 목적에 이용될 수 있다. 이는 개인정보 보호와 데이터 소유에 관한 문제를 개인의 권리와 선택에 관한 것이 아니라 공공재에 관한 것으로 만든다.

디지털 민주주의에 대한 우려

과학기술의 발전이 민주주의를 약화할 것이라는 우려가 널리 퍼져 있다. 반대로 민주주의 발전에 과학기술 발전이 기여할 것이라고 주장하는 사람도 많지만, 이들 또한 최근의 추세와 관련해 우려하는 부분이 있다. 이러한 우려는 대부분 개인의 자유, 개인정보의 보호 등과 관련되어 있다.

앞서 언급했듯이 중국이 개발한 인공지능 감시기술은 세계 각국으로 수출되고 있다. 조만간 세계 인구 대다수가 중국산 감시 시스템 아래에 놓일 것이라는 예상도 가능하다. 이 시스템은 모든 시민을 하루 24시간, 일주일 내내 관찰하고 모든 행동을 모니터링할 것이다. 인공지능 감시 시스템의 알고리즘은 조지 오웰이 상상했던 빅브라더보다 훨씬 뛰어나다. 문제는 이처럼 훌륭한 기술이 개인의 자유를 보호하는 방향이 아니라 자유를 포기하도록 이용될 가능성이 더 크다는 점이다.

과학기술은 어떻게 사용하고 누가 통제하느냐에 따라 민주주의를 개선하거나 약화할 수 있다. 현재 과학기술은 소수에 의해 통제되고 있다. 소수는 자신이 가지고 있는 통제 권력을 나누려고 하지 않는다. 많은 권력이 소수의 손에 집중될 때 그 결과는 민주주의에도, 다수에게도 좋지 않다는 것을 역사가 증명하고 있다.

조작된 선택

통제 권력으로 이용자를 감시하고 그의 행동을 바꾸기 위한 메커니즘은 점점 더 정교해지고 있다. 급속히 발전하는 메커니즘은 민주주의 국가에서 시민의 이익을 대변하는 기능에는 관심이 없다. 이보다는 이용자 선호도 및 응답을 기반으로 하는 방대한 양의 정보를 수집해 고도로 표적화된 행동 수정 기술을 구사하는 해당 시스템의 작동에 필요한 비용을 지불할 수 있는 이들의 이익이 우선이다.

그리고 이를 위해 시민의 선택은 점점 더 조작될 것이다. 이러한 조작의 핵심 대상이 선거다. 현재의 민주주의 제도에서 시민이 정치에 참여할 기회는 몇 년마다 있는 선거 외에는 특별하게 없다. 이용자를 감시하고 그의 행동을 바꾸기 위한 메커니즘은 곧 선거에서 유권자의 선택을 목표로 삼는다.

정치적 목적을 위해 인터넷으로 연결된 사이버 공간을 이용하려는 이들은 정부만이 아니다. 민간기업은 물론 개인도 자신의 정치적 이익과 이념 등을 위해 이를 이용한다. 그러나 인터넷은 전 세계적으로 네트워크 중립성을 보장하고 검열을 금지하며 보편적 인권 보호와 같은 합의를 이루고 관리할 수 있는 영향력을 가진 효과적인 관리 기구가 없다. 오히려 도덕적으로 의심받는 소수의 플랫폼이 온라인 세계를 지배한다.

인공지능 기술, 특히 머신러닝은 특정 분야를 먼저 차지한 이에게 큰 이득을 안겨주는 구조이다. 구글은 이용자 검색에 관한 데이터를 누구보다 먼저 많이 축적할 수 있었기 때문에 세계를 지배하는 검색 엔진 자리를 굳건히 지킬 수 있었다. 본질적으로 독점 구조는 과거의 기술 발전에 비해 더욱 강해지고 있다. 이러한 기술은 20세기의 전체주의 정부가 추구했던 방식으로 여론을 형성하고 바꿀 수 있다.

'표현의 자유'라는 방패

머신러닝과 빅데이터를 포함한 인공지능 기술은 본질적으로 폐쇄적이고 중앙집중적이다. 이전의 개방형 웹과 달리 이러한 기술은 설계 및 비즈니스 모델 측면에서 모두 폐쇄적이고 중앙집중화되어 있다. 인공지능 기술은 실제로 민주적 제도와 절차를 개선하는 데 사용될 수 있다. 그러나 이는 쉬운 일이 아니며 극복해야 할 많은 장애물이 있다. 새로운 기술은 민주주의 발전을 이끌 수 있는 반면에 기술의 설계상 검열과 감시를 강화해 권위주의 체제에 도움이 될 수도 있다.

이러한 기술에 대한 민주주의적 통제에 중대한 변화가 있지 않는 한 그 기술은 특정 세력이 의도한 대로 민주주의를 계속 위협할 것이다. 그들은 반민주적 행동을 정당화하기 위해 '표현의 자유'와 같은 민주주의적 가치를 내세우기도 한다. 예를 들어 부정선거, 코로나-19 백신 음모론 등을 주장하는 이들은 터무니없는 정보를 비판하는 이들에게 "내 표현의 자유를 억압하지 말라"고 외친다. 이러한 분위기로 인해 인공지능을 이용한 특정 인물을 특정 영상에 합성한 딥페이크(deep fake) 동영상과 같이 현실을 왜곡하면서 대중의 관심을 끄는 콘텐츠들이 나온다. 페이스북, 유튜브, 트위터 등은 수익 추구를 위해 이러한 콘텐츠를 계속 허용한다.

빅테크의 서비스는 이용자의 이용 시간을 최대화해 광고 수익을 극대화하도록 설계된 알고리즘을 기반으로 한다. 알고리즘은 정확

딥페이크 동영상 같은 절차 기술이나 가짜 뉴스를 생성하는 콘텐츠는 미래의 사이버를 위협하거나 사회 기술 문제에 영향을 미친다.

한 콘텐츠보다 극단적인 콘텐츠를 우선시한다. 이는 전 세계적으로 극단적인 정치 세력의 부상을 지원했으며, 민주적 제도와 절차에 대한 믿음과 참여를 불안정하게 만들었다. 정치인들은 이를 규제해야 한다고 목소리를 높이지만 자신들도 이러한 플랫폼과 콘텐츠를 이용해 이익을 얻기 때문에 적극적으로 나서지 않는다.

소셜미디어는 지역사회의 토론과 참여를 촉진하기보다 멀리 떨어진 곳에서 특정 목적에 맞는 유권자에게 표적 방식으로 정보를 전달할 수 있도록 한다. 인공지능 및 빅데이터와 함께 인터넷 서비스 플랫폼의 개인정보 보호 부족으로 인해 이제 선거의 후보자는 몇 년 전에는 상상할 수 없었던 방식으로 유권자를 찾아내고 영향력을 미칠 수 있다. 유권자 개인정보의 사용을 제한하는 새로운 선거 규칙 등을 도입하는 조치가 없다면 이러한 기능은 정치적 불안정을 심화하고 전체 민주주의 시스템의 붕괴로까지 이어질 수 있다. 미국 등 서방 세계에서는 이미 이러한 우려가 현실화하고 있는 것으로 보인다.

신속한 규제 조치가 없다면 미래의 선거는 소셜미디어 추천 알고리즘을 가장 효과적으로 최적화할 수 있는 집단에 의해 지배될 것이다. 현재로서는 2016년 미국 대통령 선거에 영향을 미친 케임브리지 애널리티카 같은 해당 기술을 보유한 특정 기업이나 집단이 가장 강력한 정당이 되는 것을 막을 방법이 없다.

기술과 대중

기술에 의한 현실 왜곡은 민주주의 제도에 대해 이미 흔들리고 있는 대중의 신뢰를 더욱 압박하고 있다. 정치적 목적을 가진 집단과 개인 모두 온라인을 통해 사회에 잘못된 정보를 제공하고 결과적으로 민주주의에 균열을 일으킨다. 그들은 자신과 다른 목소리를 허용하려 하지 않는다. 이러한 행동에 따른 폐해는 지난 수십 년 동안 인터넷 등의 기술이 가져다준 이점을 덮고도 남는다.

디지털 미디어는 세상의 복잡성을 이용해 개인을 압도하고 기관, 정부, 지도자 등에 대한 신뢰를 훼손한다. 그러나 잘못된 정보를 쉽게 퍼뜨릴 수 있는 글로벌 시스템에 대한 효과적인 규제를 마련하기가 어려울 뿐만 아니라 긍정적인 결과를 기대하는 것도, 이를 실현하기 위해 조치를 취하는 것도 쉽지 않다.

발전된 기술이 대중의 정보 흐름을 쉽게 파악하고 강화할 수 있는 능력을 입증했지만, 정보의 질이 이처럼 충격적일 것이라고는 결코 예상하지 못했다. 같은 시민 사이에도 정보의 질과 양은 하늘과 땅 만큼 차이가 난다. 많은 사람이 자기도 모르는 사이에 당파적인 선전에 조종되고, 때때로 외국 정부의 정교한 조직에 의해 통제된다.

첨단기술이 지원하는 허위 정보는 민주적 정치과정과 제도를 부패시킨다. 이에 따라 개인은 점점 더 세상에 대한 이해를 공유할 수 없게 될지도 모른다. 이미 선진국의 교육받은 시민도 사실과 허구를 구별할 수 없는 시점에 와 있다. 시민권과 민주주의 제도를 갉아먹는 잘못된 정보가 급증하고 있다.

소셜미디어는 더 넓은 범위의 사람에게 더 큰 목소리를 줌으로써 민주주의 제도를 강화한다. 하지만 이 또한 정치적 목적을 뒤에 감춘 집단, 범죄자, 테러리스트 등과 같은 악의적인 행위자들을 강하게 만든다. 이러한 악의적인 행위자를 제한하려면 새로 설계된 기술과 사회구조 및 정부 정책이 필요하다. 새로운 형태의 독립적인 감독과 규제 전략 및 지역사회의 압력이 필요하다.

농경 시대의 메커니즘

국민에 의한 정부, 생명, 자유 그리고 행복의 추구 등 민주주의 제도의 원래 설계 기준은 여전히 우수하다. 그러나 정부를 구성하고 운영하는 세부적인 사항과 메커니즘은 오늘날의 디지털 시대가 아니라 농경 및 산업 시대에 걸맞게 설계된 것이다. 따라서 정치와 경제 제도를 어떻게 재설계할 것인가에 대한 논의가 절실하다.

감시 자본주의는 통제하는 자와 통제받는 자를 경쟁시키는 비민주적인 계급 체계를 만든다. 변화가 이루어지지 않는다면 시민은 역할이 축소되어 하찮게 될 것이며, 민주주의가 제대로 작동하기는 더 이상 어려울 것이다. 기술의 효과는 정치과정의 참여자에 따라 크게 좌우될 것이다.

기술은 정당, 정치 엘리트, 시민사회 등 정치 행위자에 의해 민주주의가 더 잘 작동하도록 도움을 줄 수 있다. 동시에 기술은 허위 정보, 투표 조작 및 억압, **게리맨더링(gerrymandering)**[*], 추적 불가능한 정치자금, 외국의 영향력 등과 같은 부정적인 도구를 제공할 수도 있다. 불행하게도 일부 정치권은 영향력 강화를 위해 후자의 접근법을 선호하는 것으로 보인다.

---

[*] 1812년 미국 매사추세츠주 주지사 엘브리지 게리가 자기 정당에 유리하도록 선거구를 획정했는데, 그 모양이 마치 전설상의 괴물 샐러맨더(Salamander)와 비슷하다고 해서 게리(Gerry)의 이름과 합쳐 게리맨더(Gerry-mander)라고 불렀다. 이후 이처럼 당리당략을 위해 비정상적으로 선거구를 획정하는 것을 가리킨다.

'승자 독식'의 기술 시장

빅테크들은 '감시 자본주의' 모델을 채택했다. 그들은 사람에 대한 많은 양의 데이터를 수집하고, 그 데이터에서 다양한 방법으로 이익을 얻는다. 또 데이터를 이용해 점점 더 많은 서비스 소비를 유도하는 동시에 더 많은 개인정보의 포기를 유도하는 기법도 동원한다.

대부분의 기술 시장은 승자 독식의 미래로 진화하고 있다. 감시 자본주의도 예외가 아니다. 데이터가 많을수록 이용자에게 더 많은 권한이 부여되고 추가 데이터의 수집에 이점이 생긴다. 이는 과거의 봉건 영주만큼 감시 자본주의의 '데이터 영주'인 소수 회사의 손에 권력이 집중되는 결과를 낳는다. 사회가 데이터 영주들에게 저항하고 현재와 같은 데이터 수집으로 별다른 이득을 얻지 못하게 하는 일은 쉽지 않다. 그러나 뿌리 깊은 인간의 행동은 항상 민주주의 이상에 대한 도전으로 이어졌다.

과학기술의 발전은 커뮤니케이션, 참여, 투명성, 자유로운 정보 흐름, 연결성 및 진정성 등과 같은 가치를 지원할 수 있다. 이러한 가치를 바탕으로 민주주의는 더 많은 정보에 접근하여 정보의 가치를 평가하고, 정보를 형성하고 사용하는 데 시민의 참여를 높일 것이다.

글로벌 사회는 전통적인 **정치적 숙의***의 공공 영역을 대체하며 민

---

* 중요한 정치적 의사 결정을 할 때 투표, 여론조사 등으로 간단히 결정하지 않고 정책 결정자, 이해 당사자, 일반 시민 등이 참여하는 충분한 토론 등 '숙의' 과정을 거쳐 평가하고 결정하는 정치 방식이다.

주적 과정에서 대표자의 중요성을 떨어뜨릴 것이다. 더 많은 형태의 직접민주주의가 실현될 수 있을 뿐만 아니라 정부보다 **거버넌스**(governance)*가 더 중요한 규제 형태가 될 것이다. 이러한 발전은 서구 산업 사회의 신념·가치·전통에서 벗어나는 문화적·이념적 변화를 동반할 것이다.

민주주의 역량의 부족

21세기 들어 과학기술 혁신이 정치에 미친 가장 눈에 띄는 영향은 개인과 사회 전반의 소통과 정보 교환이다. 선전, 허위 정보, 조작 등은 인류가 시작된 이래 필수적인 정치 도구였다. 그러나 가장 중요한 연결성, 점점 더 저렴한 모바일 컴퓨팅, 그리고 지난 몇 년간 엄청나게 급증한 데이터의 이용 가능성 등은 예전에는 생각할 수 없었던 수준의 잘못된 정보 확산과 각 개인에 맞춘 조작을 가능하게 했다. 정책 결정자들과 사회 구성원들은 이제 문제의 심각성을 깨닫기 시작했다.

이러한 문제는 민주주의에 필요한 대중의 능력, 즉 듣고, 비판적으로 사고하고, 자료를 수집하며, 그것을 평가하고 공감할 수 있는 능력이 부족할 때 악화된다. 유권자에게 이러한 능력이 부족하다면 그

---

* 협치(協治)라고도 하며, 정부의 통치 과정에 산업계, 학계, 일반 시민 등 다양한 구성원이 참여해 문제를 해결하는 정부의 운영 방식을 말한다. 반드시 정부에만 국한하지 않고 특정 집단의 의사 결정에 구성원이 참여하는 관리 방식에까지 폭넓은 의미로 사용되기도 한다.

들은 극도로 조작될 수 있기 때문이다. 정치권에서의 조작은 늘 걱정거리였는데 소셜미디어를 통한 조작의 규모와 정교함이 이 위협을 한 단계 끌어올렸다. 무엇보다 중요한 것은, 과거와 비교할 수 없는 도구와 정보를 가진 교육받은 유권자가 자신에게 민주주의에 필수적인 능력이 있는지 없는지도 모른다는 사실이다. 정부나 정치권은 이러한 교육에 관심이 없다.

민주주의 사회에서 주요 과제는 디지털 및 다자간 통신과 소셜미디어 플랫폼을 통해 기존 미디어가 지배하던 전통적인 통신 지형을 변혁하는 것이다. 대안적이고 다자적이며 대부분 무료인 정보와 뉴스 콘텐츠의 공급이 늘면서 정치 토론이 풍부해졌고 시민의 목소리에 힘을 실어주었다. 이는 부패를 폭로하고 정부에 책임을 묻기 위한 도구로 볼 수 있다.

그러나 이러한 플랫폼들은 정보에 대한 면밀한 검토가 부족하고 이용자들 사이에서 한쪽 의견이 **알고리즘***에 의해 강화되는 특성을 보인다. 이에 따라 조작된 허위 정보와 선전이 확산되어 사회를 양극화하고 대중의 신뢰를 훼손하는 디지털 필터 버블 또는 에코 체임버가 생성된다.

---

*문제 해결을 위한 절차, 방법을 공식적인 형태로 표현한 것이다. 수학, 컴퓨터, 언어 등을 이용한 문제 해결의 절차, 처리 과정, 컴퓨터 및 정보 과학과 관련하여 컴퓨터가 따라 할 수 있도록 문제를 해결하는 방법, 절차를 설명하는 과정이다.

목소리의 균형이 '공정'

온라인에서 마이크를 들고 있는 사람들의 문제는 유용한 정보보다 소음을 널리 퍼뜨린다는 데 있다. 정치적 이익을 추구하는 집단이 자신의 힘과 자원을 이용해 평균적인 시민보다 훨씬 더 크게 목소리를 내고 있다. 힘 있는 집단에 의해 그리고 소셜미디어의 특성에 의해 에코 체임버 안에서 가장 시끄럽고 극단적인 목소리만 반복적으로 재생되고 있다. 이는 공개 토론에서 감정을 더욱 악화시키고 듣는 사람을 일반적인 근거를 바탕으로 판단하지 못하게 하는 등 극단으로 몰아간다. 민주주의가 성공하려면 국민의 의견을 공정하게 대변해야 한다. 그리고 기술이 지배적인 세상에서 그 공정함에는 목소리의 균형이 포함되어야 한다.

1990년대 인터넷 초기 발달 단계에 많은 사람은 기술이 민주주의를 강화하거나 심지어 혁명을 일으킬 것이라고 기대했다. 그러나 시민의 입장에서 보면 신기술은 정신적 자율성과 지적인 선택 능력을 감소시켰고, 그 이유는 다음과 같다. 첫째, 유튜브와 같은 플랫폼은 사용하는 알고리즘으로 인해 선전이나 원하지 않는 세뇌에 더 적합하다. 둘째, 미디어의 에코 체임버 특성은 극단적인 부족주의 경향을 강화한다. 셋째, 정부와 기업이 모든 종류의 개인정보에 손상을 입히고 있다.

또 다른 문제는 권위주의적 제도와 포퓰리즘 및 신기술 사이에 유난히 활발하게 이루어지는 상호작용이다. 이것의 효과는 민주주의가 희석되고 감시국가가 강화되며 사회적 분열이 심해지는 것으로 나타난다. 이에 대한 반대 운동도 분명히 존재한다. 하지만 힘과 자원의 불평등은 기본적으로 권력과 대기업이 이러한 기술의 발전으로 이익을 얻을 수 있는 위치에 서게 하고 나머지는 그들의 목표 대상에 머물도록 한다. 정치적 혁신을 원하는 이들은 이러한 환경에서 어려움을 겪을 수밖에 없다.

디지털 이해력

소셜미디어를 이용하는 대중은 더 이상 과거와 같은 방법으로 시민사회의 공개 토론에 참여하려고 하지 않는다. 그저 보고 싶은 것만 보고, 듣고 싶은 것만 들으며 즐기기를 원할 뿐이다. 디지털 생활로 인해 자신도 모르게 생긴 변화 중 하나는 긴 문장에 대한 거부감이다. 특히 젊은이들은 짧은 문장은 읽어도 몇 단락 이상되는 긴 문장은 읽지 않으려고 한다. 유튜브 등 소셜미디어에 빠져 사는 사람들은 책을 사서 읽으려 하지 않는다. 뉴스 사이트에서 기사를 스크롤하며 읽는 사람보다 동영상만 클릭하는 사람이 더 많다.

디지털 동영상 이미지의 조작이 얼마나 쉬운지, 사람들의 선입견과 편견을 강화하는 것이 얼마나 간단한지, 그리고 뉴스와 의견 및 분석을 찾는 데 대부분이 얼마나 게으른지 고려한다면, 세상을 속

아들이 나이 든 아버지에게 노트북으로 소셜미디어, 인터넷 사용법을 가르치고 있다.

이려고 마음먹은 이들이 사회에서 우위를 차지하는 것은 어쩌면 당연해 보인다.

허위 정보에 매몰된 팩트

어떤 주장을 하면서 그것에 반대하는 소리를 듣지 않는다면 그 주장을 확신하기 어렵다는 말이 있다. 혼자 공부해서 지식을 쌓는 '독학(獨學)'의 위험성을 경고할 때도 비슷한 이야기를 한다. 인터넷의 발달로 온갖 정보를 방 안에 앉아 찾아보고 들을 수 있는 환경이 조성되어 광범위한 분야에서 독학이 가능하다는 생각이 들기도 한다. 그러나 알고리즘이 제시하는 정보에만 계속 빠져들어 우물 안

개구리가 되면서도 자신이 대단한 전문가가 된 듯한 착각 속에 갇히는 우를 범하기도 한다.

공론의 마당에서 자신과 견해가 다른 이들의 소리를 들을 기회는 더욱 드물어지고 있다. 오래전부터 예견되었던 '필터 버블(filter bubble)' 효과가 더욱 뚜렷해지고 있다. 사람들은 이해하지 못하거나 동의하지 않는 견해를 찾거나 읽거나 이해하려고 시간을 투자하지 않는다. 많은 사람이 표면적인 사실, 왜곡된 정보, 결정을 내리기에 불충분한 수준의 인식 속에서 살고 있다. 정확한 정보는 더 이상 잘못된 생각, 선전, 풍자 또는 기만을 이기지 못한다. 허구에서 진실을

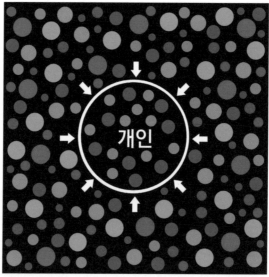

필터 버블 또는 에코 체임버 : '필터 버블'은 인터넷 정보 제공자가 이용자에게 맞춤형 정보를 제공함에 따라 선별된 정보에 둘러싸이게 되는 현상을, '에코 체임버'는 자신의 의견을 반영하고 강화하는 정보나 의견만 접하는 환경을 말한다.

판단해내는 능력과 의지가 부족하다.

인터넷 콘텐츠는 그것을 이용하는 사람과 접속하는 위치에 따라 점점 더 맞춤화되고 있다. 따라서 문장을 읽고 이해하려고 노력하지 않는다면 노출되는 정보와 관점의 범위가 좁아진다. 정보의 부정적인 영향을 최소화하려면 소통의 범위, 정보와 지식의 출처 등을 넓히려는 적극적인 노력이 필요하다. 여론을 쉽게 조작하는 방법이 점점 더 정교해져서 유권자가 이용할 수 있는 사실 정보의 수준이 점점 낮아지고 있다. 이에 따라 한편에서는 정치에 대한 무관심이나 냉소가 증가하고 다른 한편에서는 이른바 '정치병 환자'들의 끊임없는 편 가르기 전쟁이 이어진다.

인공지능의 공정성·투명성 및 책임성이라는 측면에서 가짜 뉴스와 딥페이크 같은 조작된 미디어의 지배로 인해 민주주의의 근간을 흔드는 미디어와 기관에 대한 불신이 더욱 강해졌다. 다시 말해서, 조작된 미디어에 대한 대중의 불신이 강해지는 동시에 해당 미디어의 힘이 더욱 강해지는 모순된 상황이 벌어지고 있다. 예를 들어 몇몇 정치 유튜브 채널은 대중에게 거센 비난을 받지만 동시에 그 사회적 영향력이 더욱 강해지고 있다.

이러한 추세에 따라 믿을 수 있는 정보가 부족해지고 시민 참여도가 떨어졌다. 많은 사람이 무엇을 믿어야 할지 모르기 때문에 아무것도 믿지 않거나 자신의 직감대로 믿는 쪽을 선택하는 경우가 많아졌다. 게다가 소셜미디어 조작 전술을 이용해 선거를 좌우하는 집단으로 인해 민주주의의 정당성은 더욱 훼손되고 있다.

유튜브를 보지 않는 이유

사람들은 이전보다 인터넷에 쉽게 의존하고 있지만, 독립 저널리즘과 비판적 사고 및 연구 기술의 쇠퇴는 시민을 조작과 선동에 더욱 취약하게 만들었다. 클릭, 재전송(retweet), 조회수 등을 추구하는 것은 극단주의적이거나 도발적인 표현을 조장한다. 바이러스성 **밈**(meme)*과 소음은 사려 깊은 분석이나 토론을 방해한다. 정치적으로 적극적이지 않은 대다수 시민은 온라인 커뮤니티에서 만들어진 시각을 따라간다. 어떻게 보면 온라인 담론의 열기가 정치과정에 대한 시민의 참여를 높일 수도 있다. 그러나 이는 결국 더 조작되고 선동된 이용자만 늘어나는 결과로 이어질 수 있다.

현재의 소셜미디어는 민주주의를 불안정하게 만드는 양극화 효과를 가지고 있다. 그 이유는 광고와 허위 정보가 소셜미디어 행동을 기반으로 예측할 수 있는 기존 견해에 따라 개인을 맞춤화하기 때문이다. 이는 기존의 견해와 반대 의견에 대한 적대감을 동시에 강화하며, 반대 의견을 접할 기회를 원천적으로 막는다. 그 결과 개인

---

* 리처드 도킨스가 자신의 저서 『이기적 유전자』에서 처음 제시한 학술 용어 '밈(meme)'에서 비롯된 용어로, 인터넷 시대에 폭발적으로 늘어나는 새로운 방식의 문화 전파 현상을 의미한다. 인터넷에서 확산하는 다양한 문화의 유행과 모방의 경향, 또는 그러한 창작물이나 작품 요소를 말하며, 반드시 대중 전반에 걸쳐 유행하지 않더라도 특정 집단 안에서만 나타나는 밈도 있다.

이 미디어 시장에서 스스로 원하고 필요한 정보를 선택할 수 있는 자유는 더 이상 없다. 그 대신 언론의 자유가 잘못된 정보의 배포를 장려하고 개인이 다양한 관점을 접하지 못하도록 정보를 조작하고 제한한다.

이 문제가 심각한 이유는 나름 열린 마음으로 객관적이고 사실에 입각한 정보를 추구하는 이들이 유튜브 등 온라인 공간을 떠나게 만들기 때문이다. 또한 온라인에서 제공되는 무료 정보로 인해 사실 확인에 많은 자원을 투자하는 전통적인 언론 매체들이 언론으로서의 영향력을 급격히 잃었기 때문이다.

무료 온라인 미디어로의 전환은 선정주의를 자극한다. 세계적으로 점점 더 많은 사람이 정보 소비처를 온라인 미디어, 뉴스 피드 및 소셜미디어 플랫폼 등으로 옮겨감에 따라 이러한 것들이 정치과정에서 중요한 요소가 되었다. 그런데 플랫폼과 온라인 저널리즘의 비즈니스 모델은 사실에만 기반하는 콘텐츠보다 감정을 선호하는 경향이 있다.

이에 따른 뉴스 소비 습관의 변화는 정치에 대한 선정주의의 확산으로 이어진다. 민주주의 사회에서 정치적 분열과 포퓰리즘의 심화, 그리고 최근 몇 년간 나타난 정당의 파편화 현상은 소셜미디어의 이용이 남녀노소를 가리지 않고 증가한 추세와 일치하거나 적어도 부분적으로 이러한 변화에 따른 것일 수 있다.[14]

신뢰의 상실이 반가운 이들

좋은 방향이든 나쁜 방향이든 대중매체 시대의 뉴스 사업은 정치 정보의 흐름을 거의 독점함으로써 시민에게 중요한 기능을 했다. 뉴스 사업은 공공 문제에 대한 정보를 걸러내고 편집했다. 이러한 변화 과정은 수많은 문제를 일으키기도 하지만 평범한 시민이 민주주의 체제의 공적 영역에 과거보다 훨씬 쉽게 접근할 수 있게 했다. 그리고 이를 위해 디지털 미디어는 과거의 매체들과 달리 대중의 지적 한계와 편견을 받아들였으며 나름 잘 작동했다는 평가를 받는다. 그러나 디지털 미디어는 언론으로서 정상적인 여과 장치와 편집 과정을 근본적으로 무너뜨렸으며, 이는 민주주의의 기반을 이루는 대중의 기본적인 인식까지 바꿔버렸다.

한때는 전문 언론인이 사회에서 다양한 목소리로 제기되는 많은 주장을 평가하고 체로 걸러내는 역할을 담당했다. 이용자는 정치권이나 기업보다 언론의 그러한 역할에 강한 신뢰를 보냈다. "신문에서 봤어", "방송 뉴스에서 봤어"라는 말은 특정 정보의 정확성과 그에 대한 대중의 믿음을 표현하는 것이었다. 그러나 인터넷으로 변화한 환경은 신뢰할 수 있는 정보 제공이라는 역할에 별 도움이 되지 못한다.

현재 이러한 역할은 페이스북이나 유튜브 같은 대형 콘텐츠 제공자가 완전하게 장악하고 있다. 이러한 플랫폼은 개인이 가장 쉽고 편하게 입맛에 맞는 정보를 찾을 수 있게 해주며 확증편향을 강화시킨다. 기술은 개인이 받는 정보를 맞춤화해 제공하기 때문에 각각의 개인은 주요 방송사나 전국 및 지역 신문의 뉴스를 접할 때처럼 정보나 뉴스 의제에 대한 공통된 인식을 갖기 어렵다.

사람들이 토론할 공적인 문제에 대한 정보를 공유하고 있지 않다면 민주주의를 지탱하기가 쉽지 않다. 어떤 사회적 쟁점을 놓고 토론할 때 각자 주장의 근거로 내세우는 정보의 출처와 내용이 전혀 다르다면 정상적인 논의가 가능하겠는가? 게다가 중앙의 대형 언론사가 아닌 지역 신문의 퇴출과 지역 텔레비전 방송국의 소유권 집중은 특히 지역 뉴스의 이용성과 가치를 떨어뜨렸다.

이러한 환경에서 음모론이나 부정확하고 매우 편향된 정보의 지속적인 확산은 객관적 정보 또는 진실을 구별하는 시민의 능력을 떨어뜨린다. 이는 모든 미디어에 대한 불신, 숙명론, 일부 이용자의 이탈 등으로 이어질 수 있으며, 실제로 사회적 대화를 심각하게 가로막고 정치적 분열을 증폭시킬 수 있다.[15]

신뢰의 상실은 권위주의 정권에 도움이 된다. 권위주의 정권 또는 독재를 지향하는 집단의 목표는 견제받지 않는 자신의 권력에 대해 대중이 문제를 제기하지 못하도록 하는 것이다. 그들은 객관적인 진실을 찾아내 위선적이며 왜곡된 정보를 걸러내는 대중의 능력이 떨어지기를 원한다. 그렇게 만드는 과정의 핵심에 인터넷, 소셜미디어, 인공지능, 데이터, 생명과학 등 과학기술이 있다.

인공지능은 중립적인가

과학기술에 대한 환상

온라인을 중심으로 사실과 가짜 뉴스를 구별하는 능력에 문제가 있고, 또 그러다 보니 내가 듣기 좋은 소리이면 그것이 사실이든 거짓이든 따지지 않고 따르게 된다. 특히 그 과정에서 온라인에서 떠도는 수많은 음모론이 확산한다. 말도 안 되는 음모론일지라도 내가 믿는 것을 안 믿는 사람은 모두 적이고, 이도 저도 아닌 중도적 성향의 사람은 '사이비'이다. 이런 식으로 네 편 내 편 가르는 일은 미국이나 한국에서 날이 갈수록 심해진다.

그렇다면 과거보다 인터넷 이용이 생활화되고, 인공지능이나 데이터 분석 등 하루가 다르게 발전하는 과학기술 환경 속에서 이런 문제가 오히려 악화되는 이유는 무엇일까? 분명히 이전보다 이용할 수 있는 정보량이 엄청나게 많아지고 정보 처리 속도 역시 비교가 안

될 만큼 빨라진 세상이니, 상식적으로 생각하면 정치 현상에 대한 인식이 훨씬 넓어지고 그 수준이 높아져야 하지 않겠는가? 왜 반대로 가는 것일까? 왜 기술이 발달할수록 사람들의 정치의식은 더 편협해지고 폐쇄적으로 되는 것일까?

간단히 말해서 문제의 중심에 바로 그 시스템을 움직이는 핵심 기술, 그중에서도 데이터를 기반으로 하는 인공지능 기술이 있다. 여기에서 가장 기본적이고 중요한 질문을 하나 해보겠다. 요즘 세상이 하루가 다르게 발달하게 하고 **4차 산업혁명***의 핵심이라고 하는 인공지능 기술, 이 인공지능이 '정치적으로 또 사회·문화·윤리적으로 중립적'이며, 사람이 아닌 기계인 만큼 어느 한쪽의 이익을 우선하지 않는 중립적인 존재라고 생각하는가? 과연 인공지능은 중립적일까?

기업이나 정부는 **빅데이터****, 인공지능, **블록체인**(blockchain)*** 등과 같은 첨단기술을 도입해 활용한다. 여기에 대규모로 투자한다. 좀 더 범위를 좁혀 보면 빅데이터와 인공지능을 이용해 직원을 채용한다.

---

* 인공지능, 빅데이터 등 디지털 기술로 촉발되는 초연결 기반의 지능화 혁명으로 정의된다. 3D 프린팅, 로봇, 인공지능 등을 바탕으로 한 사이버-물리공간(CPS) 혁명으로 예측되고 있으나 아직까지는 여러 논쟁이 있다.(출처: 한국연구재단)

** 거대한 양(volume)과 함께 빠른 속도(velocity), 다양성(variety) 등 3V를 특징으로 하는 데이터이다. 사람들이 매일 사용하는 컴퓨터와 모바일 기기, 기계 센서를 비롯해 모든 사물과 장소에서 생산된다. 인공지능(AI)으로 빅데이터를 분석, 활용해 정책을 결정하고, 제품과 서비스 생산 등에서 중요한 역할을 할 수 있다.

*** 분산원장(distribured ledger)이라고도 하며, 연쇄적으로 연결된 블록에 데이터를 저장하고 네트워크의 합의 없이 체인을 삭제하거나 수정할 수 없게 함으로써 보안을 유지하는 기술이다. 비트코인 등 암호화폐의 기반 기술로 알려졌지만, 금융, 부동산, 소매, 미디어 등 광범위한 분야에서 이용 방법이 개발되고 있다.

빅데이터를 활용해서 어떤 정책을 결정한다고 하면 정치적·정파적 이해관계에 의한 것이라기보다 상당히 중립적이고 공정해서 믿음이 갈 것 같다는 생각이 든다. 왜? 아무리 정치가 오염되었어도 과학기술은 순수하고 공정하고 믿을 수 있다는 인식이 보편적이기 때문이다.

그런데 과연 진짜 그럴까? 답은 '아니다'가 되겠다. 과학기술은 뭔가 순수하고 공정하고 믿을 수 있다거나 어느 한쪽에 치우치는 일 없이 중립적일 것이라는 막연한 믿음은 단지 환상이나 착각일 뿐이다. 특히 여기에 국가권력이 연관되었다면 더욱 그렇다.

인간 본성에 의한 편향성

인공지능을 이용해 데이터를 분석하고 학습해서 결정하도록 하는 대부분의 일은, 정도의 차이는 있지만 간접적으로 정치와 연관되어 있고 정치에 영향을 미칠 수밖에 없다. 인공지능과 데이터에 대한 가장 큰 오해는, 인간이 편파적이고 비이성적이며 감정적이기 때문에 인공지능의 알고리즘을 '과학적'인 것으로 받아들여야 하며, 따라서 문화적 규범에 의해 변형되어서는 안 된다는 것이다.

그러나 인공지능을 누가 작동하고 운영하느냐, 즉 그 알고리즘을 누가 만들고 관리하느냐에 따라 인공지능은 크고 작은 정치적 또는 사회적·문화적 편향성을 가질 수밖에 없다. 다시 말해, 인공지능의 알고리즘을 설계하고 관리하는 사람 또는 집단의 성향, 선호,

가치 등의 요소가 처음부터 그 알고리즘에 반영될 가능성이 상당히 크다.

대표적인 사례로 아마존은 몇 년 전 직원 채용 과정에 처음으로 인공지능을 도입했다. 채용 담당자의 개인적 의견이 개입되지 않는 투명한 채용이 목적이었다. 하지만 나중에 결과를 보니 인공지능이 남성 지원자를 선호하는 경향이 확인되어서 결국 인공지능에 의한 채용을 중단했다. 인공지능의 알고리즘을 설계할 때 그 설계자의 성향과 가치판단이 처음부터 포함되었기 때문에 생긴 일이다.

인공지능의 작동을 위한 바탕인 데이터 역시 같은 맥락에서 이해할 수 있다. 데이터는 인터넷에 연결된 모든 사람과 관련 있을 뿐만 아니라 국가와 시민 간의 관계를 재구성한다. 이에 따라 사회적·정치적 문제를 일으킬 수 있다. 이제 거의 모든 기기가 인터넷에 연결되어 사용자의 인지 여부와 관계없이 상호작용이나 거래 및 이동 등에 관한 방대한 양의 디지털 흔적을 생성한다.

이렇게 데이터는 새로운 권력관계를 만들어내고 있다. 2016년 미국 대통령 선거와 영국 유럽연합(EU) 탈퇴를 뜻하는 브렉시트(Brexit) 국민투표에서 빅데이터가 국민이 투표하는 방식에 영향을 미칠 수 있는 개인화된 정치광고를 어떻게 만드는지에 대한 논쟁에서 데이터가 지닌 정치적 의미가 분명히 드러난다.[1]

데이터 선택에서의 정치성

데이터에는 큰 결점이 있다. 이 결점은 수시로 무시되거나 고의로 위장된 상태로 존재한다. 즉 데이터는 중립적이지 않다. 데이터는 본질적으로 정치적이다. 무엇을 수집하고 무엇을 무시할지는 정치적 선택에 따른 행위이다. 따라서 데이터는 단순히 사회를 그대로 반영하는 것이 아니다. 데이터를 코딩하는 과정에서 권력 구조를 개인 삶의 구석구석에 접목한다. 이렇게 데이터는 점점 더 개인을 '소프트웨어화'하고 있으며, 개인을 위해 결정을 내리고 개인의 삶을 형성하고, 개인이 볼 수 있는 것과 볼 수 없는 것을 정해준다.

데이터는 과거의 목재나 철 또는 석유 등과 같은 21세기의 세계적 천연자원으로 국가의 혁신과 강점을 유지하는 데 필수적이다. 앞으로 새로운 세계 분쟁이 일어난다면 데이터로 인해 더욱 가속화될 것이다. 정확성과 치명성 및 속도를 높이기 위해 빠르게 발달하는 새로운 수학과 컴퓨팅 기술의 힘은 알고리즘을 훈련하고 정보를 추출하는 방대한 **데이터세트(dataset)***에 의존한다. 패턴을 식별하기 위해 원재료를 제공하는 데이터와 이 패턴을 거스르는 이상 신호는 머신러닝의 엔진에 동력을 공급하는 연료가 된다. 누구든 가장 많은 데이터를 생성하고 조직하는 사람이 기술적 우위를 유지하게 된다.

시간과 장소에 구애받지 않고 데이터를 수집한다는 사실은 저렴

---

* 문자, 숫자, 그림, 소리, 영상 등으로 이루어진 의미 단위인 데이터의 집합체이다.

하게, 심지어 무료로 이용할 수 있는 상호 연결 기술, 특히 스마트폰의 사용으로 인해 인공지능의 능력을 발전시키는 데이터의 확산을 의미한다. 데이터의 수집은 일상생활의 모든 단계에서 이루어진다. 현재 위치, 출퇴근, 미디어 이용 등에 대한 정보는 자동차와 대중교통에서 수집된다. 집에 몇 명이 사는지, 집에 있는지 없는지, 주전자나 다른 제품을 사용하는지 등에 대한 데이터는 스마트 미터기를 통해 추론할 수 있다.

개인은 자신도 느끼지 못하는 사이에 데이터의 한 형태가 되었다. 데이터는 주변에서 일어나는 일을 이해하고 결정을 내리고 선택을 유도할 수 있는 자원이 되었다. 그러나 거듭 말하지만, 데이터는 중립적이지 않다. 방대한 양의 데이터를 수집한다는 사실은 개인정보뿐만 아니라 여러 기술적 측면에서 광범위한 문제를 일으킨다.

중국 기술 대기업 알리바바의 창업자 마윈은 앞으로 수십 년 동안 인공지능이 사람에게 행복보다 더 많은 고통과 사회적·경제적 불안감을 줄 것이라고 말했다. 그는 "앞으로 30년 내 사회적 갈등은 모든 종류의 산업과 각 계층에 영향을 미칠 것"이라고 경고했다. 또한 "인공지능의 증가와 더 늘어난 기대수명이 중요한 사회적 갈등의 원인이 될 것이며, 이는 더 적은 일자리를 위해 싸우는 노령화 문제로 이어질 것"으로 전망했다.[2]

정부와 기업, 시민사회단체 등이 인공지능의 힘을 남용하면서 민주적 시스템에 위협이 가중되는 상황도 중요한 문제이다. 인공지능을 이용한 감시로 개인정보를 침해하고 개인의 사생활에 본인이 인식하지 못하는 영향을 미치고 있다. 이러한 상황은 민주적 거버넌스의 이상이 위협받을 정도로 확대되고 있다. 인공지능 강국이 권위주의적이고 독재적인 체제로 전환되어 시민에 대한 억압을 강화하는 일이 현실이 되고 있다.

설계자는 누구인가

이처럼 편향적인 인공지능을 이용하는 개인은 그것이 기본적으로 편향적이라는 사실, 즉 기울어진 운동장이라는 사실을 느끼지도 알아채지도 못한 채 그에 맞춰 살게 된다. 이에 따라 그와 같은 편향성은 시간이 갈수록 더욱더 기울어지면서 정상적인 균형을 찾는 것과는 반대의 방향으로 치닫는다. 데이터는 중립적이지 않고 정치적이기 때문이다.

인공지능은 축적된 데이터를 학습해 작동하는 방식이다. 그런데 데이터로부터 모델을 만드는 데이터 마이닝 알고리즘은 결국 사람이 만든다. 그리고 그 과정에 특정 개인이나 집단의 취향, 이념, 이해관계 등 수많은 요소가 얼마든지 영향을 미칠 수 있다. 특히 데이터의 수집부터 정리·이용 등에 이르는 전 과정에 국가권력이 개입하거나 장악했을 때 어떤 일이 벌어질까?

알고리즘이 결정하는 운명

정보사회에서는 이전에 인간이 맡았던 운영, 결정 및 선택 등을 점점 더 알고리즘이 담당한다. 알고리즘은 데이터를 해석하는 방법과 그 결과로 취해야 하는 조치를 결정까지는 아니더라도 조언할 수 있다. 알고리즘은 점점 더 자주 사회적 과정, 기업 간 거래, 정부의 결정, 그리고 개인과 환경 사이의 인식과 이해 및 상호작용 등을 중재하는 역할을 한다. 알고리즘의 설계와 작동 사이의 차이와 그 윤리적 영향을 어떻게 이해하는가는 개인뿐만 아니라 집단과 사회 전체에 심각한 결과를 초래할 수 있다.[3]

중국은 현재 세계에서 미국과 함께 인공지능 기술이 가장 발달한 나라이다. 기술 수준에서는 미국이 중국에 좀 앞설지 모르지만, 인공지능의 활용, 특히 정부 또는 국가권력에 의한 인공지능 활용에서 중국은 미국 등 다른 선진국이 따라갈 엄두도 못 낼 만큼 대단하다. 중국은 이미 국가가 주도해서 시민의 데이터를 수집·활용하고 있다.

중국이 세계에서 가장 앞서가는 분야가 바로 데이터와 인공지능을 이용한 전 국민 감시 시스템이다. 소셜미디어, 스마트폰, 그리고 연결된 모든 장치를 통해 시민의 데이터를 수집하는 고도의 감시 시스템을 운영하고 있다. 또한 수집된 모든 정보는 개별 점수를 계산하는 알고리즘을 통해 사회 신용정보로 활용된다.

예를 들어 룽청시는 모든 시민에게 1,000포인트를 주고 빨강 신호등을 통과하는 등의 나쁜 행동에는 공제하고, 자선 기부나 이와 유사한 선행 사례에는 가산점을 준다. 안면인식 기술의 사용하므로 개인이 나쁜 행동이나 좋은 행동을 직접 신고하거나 보고할 필요 없이 자동으로 접수된다. 이미 길거리에서 많은 친절한 행동이 목격되는데, 이는 시민이 카메라에 잡히기를 바라는 행동이며 이로써 그들의 점수를 높인다고 한다. 이러한 점수는 대출이나 임대주택 신청 등 수많은 곳에서 개인을 판단하는 기준으로 이용되고 있다.

이뿐만 아니라 중국은 DNA, 음성인식 기술, 안면인식 기술 등을 총동원해서 신장웨이우얼자치구 주민 등과 같은 소수민족 감시와 관리·탄압에 활용하고 있다.[4] 권위주의 독재국가는 사실상 인공지능 기술과 그 활용을 장악하고 있다. 국가가 국민 전체를 거대한 하나의 편향된 알고리즘 속에 가둬놓고 있는 셈이다.

이에 비해 미국은 시장이 주도해서 신용정보, 금융정보 등 소비자 데이터를 활용한다. 중국에서는 정부가 원하는 대로 인공지능을 편향되게 작동시키면서 국민을 통제한다면, 미국에서는 빅테크가 사실상 인공지능을 장악하고 있다. 구글, 유튜브, 페이스북 같은 빅테크는 마음먹은 대로 미국뿐만 아니라 세계의 여론과 생각에 엄청난 영향을 미칠 수 있다. 빅테크가 제공하는 플랫폼 이용자 대부분은 그가 어떤 채널을 봤느냐에 따라 관련 채널들이 첫 화면에 순서대로 뜨는 채널 추천의 알고리즘 안에 갇혀 있다고 해도 과언이 아니다.

알고리즘 감옥

사실 많은 사람은 기본적으로 알고리즘이 어떤 방식으로 작동하는지 알고 있다. 특정한 정치적 이슈와 관련해서 예를 든다면 2020년 미국 대통령 선거 당시 트럼프 지지자들의 부정선거 주장에 관한 영상 한두 개를 보고 나면 그와 관련한 채널만 잔뜩 추천으로 뜬다. 그러면 이용자는 자기도 모르게 거기에 빠져서 다른 이들한테 "자봐라, 유튜브에서 완전 난리 났다. 내 말이 맞지?"라며 자신의 주장에 온 세상이 동의한 듯 기세를 올린다.

하지만 정작 상대방은 그런 내용의 영상, 심지어 그런 주장이 있는지조차 모른다. 그러나 그 사람한테 보이고 들리는 것은 오직 한 가지 주장뿐이다. 이게 바로 유튜브 알고리즘이다. '알고리즘 개미지옥'에 갇혀 계속 그 안으로 빨려들어 가면서 생기는 일이다.

계속 자기 입맛에 맞는 정보만 접하는 것은 곧 인공지능의 알고리즘 안에 갇혀 사육되고 있는 것과 다름없다.

알고리즘이 주는 먹이

이는 구글이나 페이스북 같은 빅테크의 장삿속에서 비롯된 인공지능 기술의 활용으로 생긴 일이다. 이용자를 기업의 이윤 추구에 가장 도움이 되는 방향으로 움직이도록 인공지능의 알고리즘 안에 가두고 사육한다 해도 틀린 말이 아니다. 기업들의 이러한 욕심에 이용자는 계속 자기 입맛에 맞는 정보만 접하면서 그것이 세상의 전부라고 여기는 우물 안 개구리가 된다. 당장 입에 맛있다고 몸에 나쁜 불량식품만 먹어도 옆에서 말리기는커녕 계속 불량식품만 손에 쥐여주는 어이없는 상황이 벌어지는 것이다.

결국 '에코 체임버' 효과 또는 '필터 버블' 효과에 관한 논의가 활발해질 수밖에 없다. 에코 체임버 효과란 뉴스나 온라인 이용자가 마치 소리의 에코 효과를 최대화하기 위해 만든 특수한 방인 에코 체임버 안에 혼자 갇힌 것처럼 자기가 하는 말만 계속 증폭되어서 자기 귀에 다시 들리는 그런 효과를 말한다. 즉 '자기가 보고 듣는 세상이 전부이고, 세상 사람 모두 자기와 같은 말만 한다'거나 자신만 옳다는 착각 속에 살도록 하는 상황을 인공지능 알고리즘이 아주 빠른 속도로 더욱 심하게 몰아가고 있다.

이러한 사회 현상은 미국뿐만 아니라 유럽연합 등 세계 각지의 국가권력과 빅테크의 갈등을 계속 심각하게 만드는 주요인으로 작용한다. 미국의 정치권, 특히 빅테크와 적대관계인 공화당을 중심으로 독점금지법 위반을 문제 삼아 일부 빅테크를 여러 개의 회사로 분할해 그 엄청난 영향력을 잃게 하려는 시도가 적극적으로 모색되고 있다.

중국이 권위주의 독재를 위해 온 국민을 인공지능 알고리즘으로 통제하고 감시하는 것과 미국의 빅테크들이 자본주의 논리에서 이윤을 최대화하기 위해 이용자를 인공지능 알고리즘 속에서 못 빠져나가게 하는 것, 둘 다 세계 인류에게는 심각한 문제임이 분명하다.

페이스북의 내부 고발

회사 이름을 메타(Meta)로 바꾼 페이스북은 세계에서 가장 큰 두 개의 소셜네트워크, 즉 인스타그램과 동명의 페이스북을 운영하고 있다. 이 회사는 페이스북과 인스타그램의 뉴스 피드에 어떤 게시물을 올릴지 결정하기 위해 좀 더 발전된 인공지능 시스템인 '딥러닝 추천 모델(DLRM)'을 이용한다. 이 모델은 회사가 수집한 수천 개의 데이터 포인트, 수십억 명의 개별 사용자, 수조 개의 게시물 등을 기반으로 사용자가 가장 선택할 가능성이 높은 게시물을 예측하는 것을 목표로 한다.

페이스북의 인공지능 시스템은 사용자 참여를 극대화하는 데 매우 효과적이지만, 사회에서 중요하게 여기는 다른 목표들을 희생시킨다. 이 회사의 내부 고발자 프랜시스 하우겐이 2021년 〈월스트리트저널〉에 공개한 「페이스북 파일」[5]에서 밝힌 것처럼, 페이스북은 다른 모든 것보다 사용자 참여를 항상 우선시했다. 하우겐에 따르면 이 회사는 내부 연구를 통해 인스타그램 사용이 여성·청소년의 신체 이미지와 관련한 정신 건강 문제의 심각한 증가와 관련 있다는 것을 발견했다. 하지만 회사는 이 문제의 해결을 위해 적절한 조치를 취하지 않았다. 회사는 2018년에도 플랫폼에서 '의미 있는 사회적 상호작용'을 활성화하려 했으나 오히려 민주주의의 건전성을 훼손할 위험이 있는 에코 체임버 현상을 더욱 심하게 만든 것으로 보인다.

마약 카르텔과 인신매매범이 페이스북을 이용해 사업을 벌였던 미국 밖에서는 플랫폼의 많은 문제가 더욱 극명했던 반면, 이를 무산시키려는 페이스북의 시도는 미흡했다. 이러한 예는 개인 삶의 많은 영역에 영향을 미치는 좀 더 발전된 인공지능 시스템이 다른 모든 것을 희생시키면서 하나의 목표를 추구하도록 프로그래밍 될 때 사회에 얼마나 해로울 수 있는지를 보여준다.

많은 사례에서 첨단 인공지능 시스템에 대해 통제력을 발휘하기가 점점 더 어려워지고 있음을 보여준다. 매개변수가 약 12조 개인 인공신경망이 구동하는 페이스북의 추천 모델은 현재 세계에서 가장 큰 인공신경망으로 알려졌다. 이 시스템은 인간 전문가로 구성된 팀보다 이용자가 참여할 수 있는 게시물을 예측하는 역할을 더 잘 수행한다. 따라서 그동안 인간이 직접 하던 작업을 초인적인 수준에서 수행할 수 있을 것으로 예상되었다. 이제 인공지능 시스템은 현실이 되었으며, 이 시간에도 계속 발전하고 있다.

몇몇 연구자는 이런 시스템을 영역별 또는 초지능(super intelligences),

즉 좁은 적용 영역 내에서 인간을 능가하는 인공지능 시스템이라고 부른다. 이에 비해 많은 다른 영역에서 광범위한 문제를 해결할 수 있는 일반적인 지능(general intelligence)은 여전히 인간이 주도한다. 그러나 좁은 적용 영역 안에서 인간을 능가하는 초지능은 최근 몇 년 동안 빠르게 발전하고 있다. 인간보다 바둑을 더 잘 두거나 초인적인 수준에서 단백질이 어떻게 접히는지 예측할 수 있는 구글 자회사 딥마인드(DeepMind)의 알파고(AlphaGo)와 알파폴드(AlphaFold), 인간보다 업무를 더 잘 수행하는 음성인식 시스템이나 이미지 분류 시스템 등이 여기에 포함된다.

이러한 시스템이 초인적인 능력을 획득함에 따라 그 복잡성은 인간이 해결책에 도달하는 방법을 이해하는 것조차 점점 더 어렵게 만든다. 결과적으로 인공지능의 창조자는 인공지능 작업의 결과에 대한 통제력을 잃을 수 있다.

소 잃고 외양간 고치기

이러한 문제를 방지하려면 인공지능 시스템에 대한 통제 능력이 필요하다. 인공지능의 통제에는 두 가지 차원이 있는데, 서로 다른 해결책이 필요하기 때문이다. '직접 통제'는 인공지능 시스템을 운영하는 기업이 충분한 수준의 통제를 할 수 없다는, 즉 운영자가 원하는 작업을 시스템이 수행하도록 하기 어렵다는 사실에 바탕을 둔다. '사회적 통제'는 인공지능 시스템이 사회규범에 따라 행동하도록 보장하는 것이 어렵다는 점을 반영한다.

인공지능에 대한 직접 통제는 첨단 인공지능 시스템을 운영하는 기업이 직면한 기술적 과제이다. 아마존은 남성에게 편향된 이력서 심사 시스템을 채택했고, 구글은 흑인 남성을 고릴라로 분류하는 사진 분류 시스템을 개발했으며, 마이크로소프트는 선동적이고 공격적인 글을 게시하면서 문제가 되었던 챗봇을 운영했다. 페이스북에서 마크 저커버그는 2021년 3월 코로나-19 백신 홍보 캠페인을 시작했다. 하지만 페이스북은 의도와는 반대로 잘못된 정보의 원천으로 바뀌고 말았다. 저커버그는 애초의 목표처럼 플랫폼을 원하는 대로 조정할 수 없었다.

첨단 인공지능 시스템의 근본적인 문제 중 하나는 기본 알고리즘이 블랙박스와 같다는 점이다. 이러한 복잡성은 시스템을 불투명하고 인간이 완전하게 이해하기 어렵게 만든다. 심층 신경망을 설명할수 있을 만큼 약간의 발전이 있었지만 네트워크의 설계 방식은 그 능력이 본질적으로 제한될 수밖에 없다. 예를 들어 상당한 노력을 기울이면 하나의 특정 결정이 어떻게 내려졌는지 설명할 수 있지만 가능한 모든 결정과 그 의미를 예측하는 것은 불가능하다. 이는 인공지능 시스템이 수행하는 작업의 통제를 더욱 어렵게 한다.

일반적으로 인공지능 통제와 관련해서 문제 발생 이후에 이를 인식하는 경우가 많다. 이는 잠재적으로 치명적인 결과를 가져올 수 있는 위험한 조건이다. 인공지능 시스템이 더 많은 기능을 갖게 되고 더 많은 결정을 시스템에 맡기는 상황에서 문제가 발생한 후에야 그 시스템을 통제하는 방식에 예상치 못한 사회적 비용이 발생할 수 있다.

예를 들어 소셜네트워크서비스(SNS)가 폭동과 사망을 부추기는데 이용된다면 인공지능을 사후에 통제하는 방식으로는 수많은 인명의 손실을 돌이킬 수 없다. 이러한 문제는 군사용 인공지능 시스템에서 더욱 심각하다. 이는 인공지능의 직접 통제 관련 업무를 지원하고 의무화하기 위한 정책이 얼마나 시급한지 보여준다.

자신을 겨냥하는 무기

인공지능 시스템에 대한 직접 통제가 기술적 과제라면 사회적 통제는 거버넌스의 과제라고 할 수 있다. 인공지능 시스템에 대한 사회적 통제는 운영자가 원하는 것을 인공지능이 정확하게 수행하도록 하는 것뿐만 아니라 사회에 외부의 영향을 가하지 않도록 보장하는 것도 포함한다. 페이스북의 내부 고발자가 폭로한 내용 대부분은 이와 관계된 문제들이다. 저커버그는 사회의 공동선(共同善)보다 이용자의 참여, 나아가 회사의 이익과 시장점유율을 우선시했기 때문에 이러한 문제들로 이어졌다.

기업이 운영하는 인공지능 시스템의 사회적 통제는 시장의 힘에 의해 약화된다. 규제되지 않은 시장 세력이 인류가 관심을 가질 수 있는 다른 모든 목표를 희생시키면서 단일 목표, 즉 이윤의 극대화

정치인이나 기업인이 협상을 벌일 때 공동의 목표를 달성하기 위해 모든 이해 당사자가 책임감을 가지고 투명하게 의사 결정을 수행해야 한다. 이에 관한 제반 장치가 곧 거버넌스이다.

를 추구하도록 유인책을 제공할 수 있다는 사실을 우리는 자주 목격한다. 다면적 세계에서 단 하나의 목표를 추구하는 것은 사회의 일부 또는 전체 구성원에게 부작용을 초래할 수밖에 없다.

우리 사회는 시장 내부의 문제를 줄이면서 시장의 이점을 누릴 수 있도록 규범과 규제를 마련해왔다. 첨단 인공지능 시스템은 기업과 사회 사이 힘의 균형에 변화를 가져왔다. 기업은 이러한 기술이 사용되기 전에는 불가능했던 사용자 참여와 같은 하나의 목표를 추구할 수 있게 되었다. 따라서 사회에 대한 잠재적 해악이 더 커졌으며, 사전 예방적이고 표적화된 규제 마련이 더욱 필요해졌다.

인공지능 기술을 비롯한 첨단 과학기술은 국가나 정부는 물론 국민 각자가 현명하게 이용하지 못하면 그 자체로 자신을 겨냥하는 무기가 될 수 있다. 미국이나 한국 그 어느 나라에서든 국민을 상대로 사기 치는 정치꾼, 돈벌이에 눈이 먼 언론과 유튜버, 모든 사람을 돈벌이 도구로 여기는 장사꾼 등은 바로 이런 상황을 이용해 욕심 채우기 위해 혈안이 되어 있다.

　인공지능 알고리즘으로 인해 에코 체임버에 갇혀 그 안에서 나만의 착각에 빠져 사는 것은 아닌지, 혹시 내가 있는 방 밖에서는 사람들이 어떤 이야기를 하고 무엇을 보고 있는지, 그것을 알기 위한 노력을 하지 않으면 알고리즘 감옥에서 영원히 빠져나오지 못할 수 있다.

알고 쓰는 알고리즘

　샌타페이연구소(Santa Fe Institute)의 연구에 따르면, 사람들이 **정치적 스펙트럼**(political spectrum)*에 관해 이야기할 때 대부분 '반대되는 양쪽'을 가리킨다고 한다. 보수 대 진보, 공화당 대 민주당, 좌파 대 우파 중 어느 쪽이든 중도는 거의 포함되지 않으며 적극적으로 배제될 수 있다는 것이다.[6] 샌타페이연구소는 수학자, 사회학자, 인지과학자 등이 참여해 사람들이 스펙트럼을 따라 서로를 분류하는 방법을 수학적으로 모델링한 후 "모든 사람이 스펙트럼 위에 있는 특정 지점을 기억하는 것은 어려운 일이기 때문에 '우리'와 '그들'의 두 진영으로 나누는 지름길을 이용하며, 같은 그룹의 사람들은 '우리'

---

*빛의 스펙트럼처럼 정치 성향, 이념 등의 차이를 분류하고 비교하는 방법이다. 크게 좌파와 우파로 나누고, 그 안에서 극좌파, 좌파, 중도 좌파, 중도, 중도 우파, 우파, 극우파 등으로 분류하거나 필요에 따라 더 세분하기도 한다.

와 '그들'을 구분하는 경계에 대해 동의하기를 원한다"라는 결과를 발표했다.

이 연구팀은 인지적 요소와 사회적 요소를 자연 또는 조작된 시스템의 연구에 자주 사용되는 응용 수학적 방법인 **동적 시스템**[*] 모델의 방정식에 결합해 사회적 경계 지점의 해결책을 연구했다. 또한 스펙트럼 양쪽의 민주당과 공화당 지지자들이 중도 성향의 무당층을 어떻게 인식하는지 이해하기 위해 1980년대 미국 정치의식 조사의 대규모 데이터세트에 모델을 적용했다.

연구팀이 분석하고자 한 것은 스펙트럼의 양쪽이 중도를 가까운 동맹으로 환영할 것인지, 중도와 하나로 뭉치려고 할 것인지 또는 그들이 중도층을 진정한 하나의 집단으로 인식할 것인지였다. 분석 결과, 스펙트럼 양쪽에 두 그룹이 형성되면 그들은 조사 데이터에서 중도로 나타난 중간 그룹을 제외하려는 경향을 보이며, 이에 따라 중도층은 양쪽 모두에게서 최악의 결과를 얻는 것으로 나타났다. 연구팀은 이러한 문제가 정치에서만 나타나는 것이 아니라 인종, 계층 등 다양한 사회적 분류에서 중간층을 사라지게 하는 결과로 이어질 수 있다고 지적했다.

---

[*] 출력이 현재의 입력뿐 아니라, 과거의 입/출력과 연계된 시스템이다. 주로 수학, 정보통신에서 사용하는 용어이며, 정치와 관련해서 예를 들면, 어떤 사람이 정치 성향에 따라 다른 사람을 구분하고 편을 나누는 과정에는 현재의 정보뿐 아니라 과거의 기억들까지 영향을 미친다. 이러한 과정과 결과를 종합적으로 분석하기 위해 수학적 모델인 동적 시스템을 이용하기도 한다.

빅데이터의 역설

델파이-페이스북(Delphi-Facebook)과 미국 인구조사국은 2021년 봄 25만 명을 대상으로 코로나-19 백신 사용량을 추정하기 위한 조사를 실시했다. 빅데이터 세트는 여론조사의 정확성을 측정하는 중요한 척도인 오차범위를 최소화하는 것으로 알려진 만큼 조사팀은 조사 결과의 정확성에 대한 자신감이 높았다. 그러나 질병통제예방센터(CDC)가 나중에 실제 예방접종률의 수치를 발표했을 때 두 조사의 결과에는 큰 차이가 있었다. 델파이-페이스북의 조사 결과는 백신 접종률이 70퍼센트로 CDC에 비해 17퍼센트포인트, 인구조사국 자체 조사보다 14퍼센트포인트 높은 것으로 나타났다.

이러한 차이를 하버드·옥스퍼드·스탠퍼드 대학의 통계학자 및 정치학자들이 비교 분석한 결과 '빅데이터의 역설(big data paradox)'에 의한 것으로 결론지었다. 빅데이터의 역설이란, 빅데이터 세트의 대규모 표본이 수학적 오류를 줄일 수 있지만 관심을 덜 받는 다른 유형의 오류를 확대하는 경향이 있다는 이론이다.

이는 통계학자 샤오리 멍이 2018년 발표한 논문[7]에서 2016년 미국 대통령 선거 당시 여론조사와 실제 선거 결과의 상관관계를 분석하면서 주장했다. 힐러리 클린턴의 대통령 당선을 예측했던 당시 여론조사들은 '무응답 편향'으로 치우쳐 있었는데, 트럼프를 지지하는 유권자가 상대적으로 '모름'이나 '무응답'을 선택할 가능성이 높았다. 이에 대해 샤오리 멍은 편향된 빅데이터 조사는 빅데이터의

대규모 빅데이터로 인간의 행동은 물론, 생각과 의견까지 분석하고 예측할 수 있게 되었다.

역설에 따라 잠재적으로 조사를 전혀 하지 않는 것보다 더 나쁠 수 있다고 지적했다.

2016년 선거와 같이 근본적인 편견을 제대로 이해하지 않으면 큰 표본 크기에 의해 신뢰도 문제가 가려질 수 있으며, 이로 인해 조사를 진행한 연구자와 이용자는 정확한 답을 알고 있는 것으로 착각하게 된다. 예를 들어, 한 조사에서 주민의 70퍼센트가 코로나-19 예방접종을 받을 것이라고 답하면 그 주의 주지사는 공중 보건 조치를 완화할 수 있지만, 실제 접종률이 그보다 훨씬 미치지 못하면 주정부의 완화 조치는 감염자와 사망자 급증으로 이어질 수 있다.

옥스퍼드대학 세스 플랙스먼 교수는 전 세계적으로 정책 결정자들과 과학 정책 고문들이 코로나-19 관련 데이터를 이해하려고 노력하고 있다면서 다음과 같은 문제를 지적했다. "보고된 사례들은 실제 감염의 일부이며, 코로나-19로 사망한 것으로 추정되는 사람은 이 감염병에 의한 실제 사망자 수를 심각할 만큼 적게 계산하고 있으며, 전자 의료 기록은 장기적인 코로나의 추세에 대한 전체 그림을 보여주지 않는다. 설문 데이터에 관한 한 예방접종을 받은 응답자가 설문 조사에 더 많이 응답하고 소외된 그룹이 잘 표현되지 않는 등과 같은 모든 종류의 데이터 품질 문제는 부정확한 추정치로 이어질 수 있다."[8]

현명한 젊은이들

데이터를 기반으로 하는 인공지능 알고리즘에 대한 이해는 소셜미디어 등 디지털 미디어 도구의 현명한 이용에 필수적이다. 이 부분에서 다행스러운 점은 이른바 '밀레니엄 세대' 등 젊은 세대는 이전 세대에 비해 디지털 미디어의 알고리즘 작동에 대해 더 많이 이해하고 있다는 사실이다.

젊은 세대는 2020년 미국 대통령 선거에 대한 근거 없고 허황된 음모론을 무차별적으로 확산하는 알고리즘 감옥에 갇힐 가능성이 그만큼 낮다고 할 수 있다. 이들 세대는 코로나-19를 둘러싼 의혹, 음모론, 논란 등이 소셜미디어에서 넘쳐나는 상황에서도 알고리즘에 대한 이해를 바탕으로 정보를 현명하게 취사선택하고 있다는 사실을 확인했다.

멜버른대학의 디지털 커뮤니케이션, 세계화 및 디지털 정책 교수 잉그리드 볼크머의 연구팀은 『소셜미디어와 코로나-19: Z세대와 밀레니엄 세대의 디지털 위기 상호작용에 대한 글로벌 연구』[9]에서 젊은 사람들이 감염병에서 '위기에 관한 서사(crisis narratives)'를 통제하고 공유하는 방법과 이러한 상황에서 소셜미디어 플랫폼의 전례 없는 영향과 중요성을 밝혔다.

이 연구는 18세에서 40세에 이르는 2만 3000명 이상의 소셜미디어 사용자를 대상으로 24개국에서 이루어졌는데, 볼크머는 "이 연구가 시민이 위기의 순간에 소셜미디어와 어떻게 상호작용하는지, 그리고 독립적인 소통자로서 플랫폼의 본질적인 역할에 대해 더 깊이 이해할 수 있는 토대를 마련한다"고 밝혔다.

연구 결과에 따르면, 예상대로 페이스북, 왓츠앱, 인스타그램, 유튜브가 가장 많이 사용되는 소셜미디어 플랫폼으로 나타났다. 또한 서구 국가나 나이지리아 같은 개발도상국 모두에서 젊은이들이 여러 플랫폼을 동시에 사용한다는 것을 보여주었다. 연구팀은 젊은 사람들이 소셜미디어 커뮤니티의 주요 문제로 지적되는 **콘텐츠 루프(content loops)***에서 벗어나 다양한 정보 출처를 활용해 소셜미디어 참

---

* 소셜미디어 등 미디어에 정보를 올리고 공유하면 다른 사용자가 이를 공유하는 과정이 확산한다. 그리고 계속 더 많은 이용자가 여기에 참여해 더 많은 미디어 공유로 이어지는 '루프' 또는 '사이클'이 만들어진다.

여 방식을 개선하기 위해 많은 전략을 개발하고 있으며, 이 과정에서 알고리즘의 영향을 매우 잘 알고 있다는 사실을 발견했다.

'가짜 뉴스'에 대해서도 35퍼센트가 무시했다고 답했고, '알고 공유했다'는 응답은 7퍼센트에 불과했다. 또한 미국 등 여러 국가에서 정부가 코로나-19에 대한 공중 보건 메시지를 젊은 세대에게 전달하기 위해 소셜미디어 인플루언서를 대규모로 모집해 조직을 운영했는데, 이는 젊은 세대 집단이 소셜미디어 이용에서 우위를 점하고 있다는 사실을 다시 확인한 것이다.

연구 결과는 미래의 위기 대응 전략이 '마이크로', '매크로', '슈퍼' 커뮤니케이션 그룹으로 활동하는 '정상적인' 소셜미디어 사용자와의 참여와 연결되어야 한다는 점을 시사한다. 또한 앞으로 이들의 참여 효과를 증폭해 커뮤니티와 그 정보를 공유해야 함을 보여준다.

세계보건기구(WTO)의 행태 분석 책임자 엘레나 알티에리는 이러한 통찰력은 전통 및 디지털 미디어에 대한 과도한 정보라는 문제에 직면한 감염병 팬데믹 상황에서 젊은이들의 행동을 이해하는 데 도움이 된다고 지적했다. 알티에리는 보고서 서문에서 "이번 연구는 특히 젊은 사람들이 어떤 정보를 신뢰하는지, 무엇을 질문하는지, 누구와 정보를 공유하는지, 잘못된 정보나 잘못된 정보에 어떻게 반응하는지 강조했다"고 밝혔다.

인간과 로봇의 상호작용

인간처럼 생긴 휴머노이드 로봇(humanoid robots)이 팔다리를 움직이며 빙글빙글 돌기도 하는 등의 다양한 동작을 보여준 뒤 사람들에게 로봇이 무엇을 하는지, 어떤 감정을 표현하는 것 같은지를 질문했다. 사람들은 "로봇이 춤을 춘다", "로봇이 행복해 보인다" 등으로 답했다. 그러나 연구팀이 사람들에게 흰색·검은색 등 색깔 로봇들의 인종을 구별하게 한 뒤 같은 질문을 하자 "로봇이 화가 난 것 같다", "무서워 보인다" 등의 답을 내놓았다.

미국 조지아공과대학 로봇 연구팀은 인공지능, 로봇 및 보조 기술을 포함한 인간 중심 상호작용에서 지능형 기술이 어떻게 기능하는지에 중점을 둔 연구를 하고 있다. 연구팀은, 개발자들이 인공지능을 어떻게 훈련시키고 그들이 만들어내는 기술에 어떻게 편견이 더해지는지 생각할 의무가 있다고 지적했다. 특히 인간은 때때로 로봇

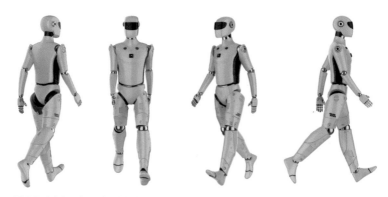

인종을 구별하려는 의도에서 표현한 인공지능 로봇에 대한 사람들의 반응은 대체로 부정적이다.

과 인공지능에 대해 예상하는 것과는 훨씬 다르게 반응하기 때문이라는 이유에서이다. 연구팀은 "우리는 우리만의 독특한 편견을 가지고 있다. 그 편견들 가운데 일부는 긍정적이지만 일부는 부정적이다. 우리는 그것들을 우리의 소프트웨어와 알고리즘에 인코딩하고 있다"고 강조했다.[10]

현재로서는 편견이나 편향성이 전혀 없다고 보장할 수 있는 인공지능 시스템을 만드는 것이 불가능할 수 있다. 다만 중요한 것은 개인이 자신의 편향성을 확인하고 고칠 수 있도록 도와주는 시스템을 만들 수 있다는 사실이다.

편향성은 이러한 기술에 다양한 방식으로 영향을 미칠 수 있다. 예를 들어, 춤추는 로봇 실험과 유사한 또 다른 연구에서 연구자들은 성별에 대한 고정관념을 가질 수 있는 직업에 배정된 남성과 여성 그리고 중립적인 성인 로봇에 대해 사람들이 어떻게 반응하는지 조사했다. 사람들이 여성 간호사 로봇에게 더 긍정적으로 반응하고 참여할까? 연구팀은 실제로 아무런 차이가 없다는 사실을 발견했다. 사람들은 로봇을 성별에 상관없이 남성이든 여성이든 중립적이든 똑같이 대우하고 상호작용했다.

연구팀에 따르면, 특히 인공지능이 안면인식 소프트웨어와 같이 시민의 자유에 영향을 미치는 작업에 배치될 때 알고리즘에 대해 동등한 유형의 방법이 필요하다고 한다. 그러나 현재로서는 이러한 시스템이 어떻게 훈련되고 어떤 데이터에 훈련되었는지 알 수 없다.

또한 지능형 시스템에 더 다양한 개발자 집단이 참여하고 더 넓은 범위의 인간 상호작용과 감정을 포함할 필요가 있다. 하나의 시스템이 모든 사람에게 효과가 있을 수는 없기 때문이다. 성, 연령, 인종 등에 관계없이 인간과 상호작용이 가능한 알고리즘을 설계해야 한다.

공정성 평가 프로그램

매사추세츠공과대학(MIT) 연구팀은 인공지능 알고리즘의 공정성을 더 정확하고 빠르게 평가할 수 있는 새로운 인공지능 프로그래밍 언어를 개발했다. 사법 시스템, 은행, 민간기업 등은 알고리즘을 이용해 사람들의 삶에 지대한 영향을 미치는 결정을 내리지만, 이러한 알고리즘에도 편향성 문제가 있다.

2021년 6월 '컴퓨터학회 프로그래밍 언어 분과(ACM SIGPLAN)' 국제회의에서 발표된 SPPL(Sum-Product Probabilistic Language)은 확률론적 프로그래밍 언어로, 프로그래머가 확률론적 모델을 정의하고 확률론적 추론을 수행하는 것을 훨씬 쉽게 해준다.[11] 이와 같은 인공지능 알고리즘의 편향성 문제 해결을 위한 새로운 시스템은 특정 종류의 모델에 특화 및 최적화되어 있어 해결책을 더 빨리 제공할 수 있는데, 이 시스템은 이전 방식보다 최대 3,000배까지 빠른 처리가 가능하다.

예를 들어, SPPL은 '40세 이상 고객에게 추천할 수 있는 대출 모델', '대출 승인이 가능한 30세 미만 1,000명의 대출 신청자 집단 구성' 등과 같은 확률론적 추론 질문에 빠르고 정확한 해답을 제시할 수 있다. SPPL은 '같은 사회적 지위의 이민자와 비이민자에 대한 대출 추천 확률의 차이', '해당 직무에 적합한 소수 집단 출신 구직자의 채용 확률' 등과 같은 질문에도 빠르게 답할 수 있다.

연구팀은 SPPL은 단지 이론적으로 가능한 것이 아니라 실제 데이터베이스에서 학습한 확률론적 프로그램에 SPPL을 적용해 희귀 사건의 확률 정량화, 제약 조건이 있는 합성 프록시 데이터 생성, 이상 징후에 대한 데이터 자동 검사 등이 가능하다고 설명했다.

빅테크와 민주주의

빅테크와 정부의 대결

도널드 트럼프 전 미국 대통령은 2022년 2월 '트럼프 미디어 앤드 테크놀로지 그룹(TMTG)'이 제작한 SNS '트루스 소셜(Truth Social)'을 출시했다. 2024년 대통령 선거 재출마를 준비 중인 그가 자신의 온라인 영향력 회복을 목표로 한 것이다.

그는 2020년 11월 대선 패배 후 부정선거를 주장하는 허위 정보를 SNS를 통해 지속적으로 유포한다는 이유로 트위터와 페이스북 등 주류 소셜미디어에서 퇴출당했다. 이후 트럼프는 자신의 계정을 중단시킨 페이스북, 트위터, 구글 그리고 그 회사의 경영자들을 상대로 소송을 제기했다. 2021년 1월 지지층의 연방의사당 난동 사태와 관련해 허위 정보 유포 등을 이유로 이 소셜미디어들로부터 계정 중단 조치를 당하자 소송으로 정면 대응하고 나선 것이다.

트럼프가 트위터, 페이스북 등의 빅테크[대형 정보기술(IT) 기업]들을 상대로 왜 이렇게 강하게 나오는 것일까? 2021년 5월 페이스북 감독위원회는 트럼프의 계정 중단 조치를 계속 이어가기로 했다. 트럼프가 가장 즐겨 이용하던 소셜미디어 트위터 역시 트럼프의 계정을 영구적으로 이용 중지시켰다. 트럼프는 자신의 세 번째 대통령 선거 도전을 그동안 가장 중요한 정치적 도구이자 무기로 사용했던 트위터와 페이스북 없이 치러야 할 가능성이 큰 상황이다.

트럼프에게 페이스북이란

트럼프가 밤낮없이 트위터를 통해 대중과 소통한 것은 누구나 잘 알고 있다. 하지만 트위터 좀 못 쓴다고 그렇게 큰 타격이겠나 할 수 있다. 그런데 문제의 핵심은 따로 있다. 트위터가 아니라 페이스북이 대선 3수를 노리는 트럼프에게는 더 심각한 문제이다. 왜냐하면 페이스북은 트럼프에게 무엇보다 중요한 선거자금 모금 창구였기 때문이다. 그는 주로 트위터로 유권자와 소통하고 페이스북으로 선거자금 모금에 주력해왔다. 여기에 더해 페이스북을 통한 유권자 빅데이터 분석은 선거 전략에서 가장 중요한 기반이었다.

트럼프가 빅테크들과 전면전을 위해 소송을 제기했다면, 바이든 행정부는 대통령과 정부의 권력을 총동원해 빅테크들을 최대한 압박하고 있다. 바이든 대통령은 2021년 7월 9일 미국 경제의 경쟁 촉진에 대한 행정명령에 서명하며, 기업 간 경쟁을 확대하고 독과점 관행을 단속하라고 행정부에 지시했다. 여기에는 빅테크 등이 잠재적 경쟁자를 인수해 해당 업체의 혁신 상품 개발을 중단시켜 경쟁을 사전 차단하는, 이른바 '킬러 인수(killer acquisition)'를 제한하는 규칙을 만들도록 하는 내용이 들어 있다. 빅테크의 중요한 사업 관행을 정면으로 막겠다는 것이다.

실제로 주요 빅테크들은 기술력이 뛰어난 수많은 스타트업 기업의 인수를 계속하고 있다. 그런데 이러한 인수의 주목적이 소규모 신생 기업의 기술력에 투자하는 것에 그치지 않고 잠재적인 경쟁자를 사전에 제거하는 데 초점을 맞추고 있다. 미래의 아마존, 페이스북, 마이크로소프트 등으로 자랄 싹이 보이는 기업을 일찌감치 흡수하겠다는 전략이다. 이러한 관행을 규제함으로써 기업 간 건전한

주요 빅테크들은 기술력이 뛰어난 잠재적인 경쟁자를 일찌감치 제거하는 데 주저하지 않는다.

경쟁을 보장하겠다는 것이 바이든 행정부의 행정명령이 담고 있는 요점이다.

정치권 및 정부와 빅테크의 대결 구도는 미국에 국한되지 않는다. 유럽연합(EU)은 구글, 페이스북, 아마존 등 빅테크가 반독점 행위를 거듭하면 '기업을 해체(break-up)'한다는 내용의 규제법을 추진 중이다. EU는 경쟁법을 어긴 기술기업에 전 세계 매출액의 최대 10퍼센트에 해당하는 벌금을 부과하고, 법 위반 행위가 5년간 세 번 반복되면 기업 해체를 추진할 것이라고 경고했다.

빅테크와 싸우는 이유

트럼프는 빅테크를 상대로 소송을 제기하고, 바이든은 정부의 힘을 모아 빅테크를 압박하고, 유럽연합은 그보다 더 강력한 빅테크 규제법을 추진하고 있다. 도대체 왜 이렇게 세계 최강의 권력과 최고 영향력을 지닌 정치인들이 빅테크와의 전쟁을 불사하는 것일까? 현재 미국, 유럽 등의 정치권력이 빅테크를 어떻게 인식하고 있는지를 살펴보면 그 이유를 알 수 있다.

트럼프, 바이든, 유럽연합 등은 빅테크, 특히 구글과 페이스북을 어떤 존재로 보고 있을까? 바로 '새로운 최강의 독재자'라고 인식하고 있다. 국가와 정부 권력을 머지않아 대체할 만한, 아니 이미 국가와 정부의 힘을 능가하는, 심지어 정부와 대통령을 선택할 수 있는 힘을 가진 독재 권력이라는 것이 현재 미국과 유럽 정부들이 지닌 빅테크에 대한 인식이다.

이런 인식은 미국이나 유럽 등의 서방세계뿐만 아니라 중국도 마찬가지이다. 아니 중국은 훨씬 더 위협적으로 느끼고 있다. 창업주 마윈이라는 이름으로 더 많이 알려진 중국의 금융회사, 중국인 대부분이 이용한다는 모바일 결제 수단 알리페이(AliPay)를 운영하는 앤트그룹(Ant Group)이 2021년 중국 기업 사상 최고의 벌금을 부과받고 사실상 중국 공산당의 수하가 되었다. 마윈이 중국 정부의 금융 규제를 공개적으로 비판한 직후에 벌어진 일이다. 중국 정부가 자국 최대의 빅테크를 그대로 두면 국가권력에 도전하는 정도가 아니라 그 힘을 능가하는 존재가 될 것이 불 보듯 뻔하다고 판단해 수단과 방법을 가리지 않고 경영권과 기업을 사실상 무력화시킨 것이다.

미국의 자산운용사 피델리티 인베스트먼트는 2021년 앤트그룹의 가치를 반년 만에 절반으로 깎았다. 즉 2021년 2월 말 기준으로 앤트그룹의 기업가치를 1440억 달러(약 161조 원)로 조정했는데, 한때 시장에서 평가하는 앤트그룹의 기업가치는 3000억 달러가 넘기도 했다. 이는 피델리티가 앤트그룹 투자에 따른 손실 발생 가능성을 인식하고 있다는 의미로 볼 수 있다.

잘 나가던 마윈의 앤트그룹이 왜 이 지경이 되었을까? 마윈이 중국 정부의 금융 규제를 공개적으로 비판한 직후인 2020년 11월 중국 정부는 앤트그룹의 IPO(intial public offering, 기업공개)를 전면 취소했다. 그 후에도 중국 정부는 알리바바에 대한 규제를 이어가고 있는데, 알리바바그룹에 반독점법 위반 혐의로 무려 27억 5000만 달러(약 3조 원)의 '벌금'을 물리기도 했다. 이는 중국 기업 벌금 사상 역대 최고 금액이다.

상황이 이렇게 돌아가니, 2021년 4월 중국의 전자상거래 플랫폼을 운영하는 바이두, 동영상 애플리케이션 틱톡을 소유한 바이트댄스, 메신저 애플리케이션 위챗을 운영하는 텐센트 등 거대 정보기술 기업이 당국의 뜻에 따라 반독점 행위를 하지 않겠다는 결의를 담은 공개 성명을 일제히 발표했다. 한마디로 중국 기업들이 마윈의 앤트그룹 같은 꼴을 당하지 않으려고 공산당에 충성 맹세를 한 셈이다. 이에 대해 언론들은 "기업들이 마윈의 전철을 밟지 않기 위해 당국에 줄을 섰다"며 "협력하면 추가 조사가 이뤄지지 않겠지만 협력하지 않으면 심각한 처벌을 받을 수 있기 때문"이라고 분석했다.

전선의 확대

이쯤에서 빅테크와 정치권 대결의 본거지이자, 가장 광범위하고 강력한 대결이 벌어지고 있는 미국 상황을 한번 정리해보자. 미국에서는 구글, 페이스북, 아마존 등 빅테크가 현재 민주당의 바이든 행정부, 야당인 공화당, 그리고 트럼프 전 대통령에 이르기까지 정치권 전체, 모든 정치 세력과 사활을 건 싸움을 벌이고 있다.

앞서 언급했듯이 민주당과 바이든 행정부는 공정 경쟁을 방해하는 독점을 이유로 빅테크를 압박하고 있다. 공화당은 미국 내 공화당

우세 지역에서 추진하고 있는 선거법 개정에 강력히 반대하는 빅테크를 비롯한 대기업들과 싸우고 있다. 조지아주에서 우편 부재자 투표 때 사진이 포함된 신분증을 제출하도록 하고, 부재자 투표 신청 기한 단축과 투표함 설치 장소 제한 등을 담은 법안을 통과시키자 조지아주에 기반을 둔 코카콜라와 델타항공 등을 중심으로 대기업들이 공화당 후원 중단을 선언하고 나섰다. 미국 프로야구 메이저리그는 선거법 개정을 이유로 2021년 여름 조지아주 애틀랜타에서 개최할 예정이었던 올스타전을 콜로라도로 옮겨 개최했다.

선거법 개정은 조지아주뿐만 아니라 공화당이 우세한 지역을 중심으로 확산했다. 2020년 대선에서 도널드 트럼프 전 대통령이 우편 부재자 투표의 조작 가능성을 제기한 것이 결정적 계기였다. 신분 확인 절차를 포함한 선거법 개정 작업이 미국 전역에서 계속되었다. 이 과정에서 선거법 개정을 둘러싼 각 주와 대기업들의 갈등은 더욱 심해졌다. 지금까지 신분 확인 절차 강화를 포함해 개정을 마쳤거나 논의 중인 선거 관련 법률안이 미 전역에서 60건을 넘는다. 이에 따라 선거법 개정을 둘러싼 각 주와 대기업들의 갈등이 장기화하고 있다.

그런데 이런 식으로 각 주에 기반을 두고 있는 대기업들과 특정 정당이 힘 대결을 하면 누가 우세할까? 답은 뻔하다. 이 기업들은 단순히 정치인에게 후원금을 얼마 내는 회사들이 아니다. 그 주의 살림에 결정적인 영향을 미치는 막대한 세금을 내는 기업들이다. 현재

선거법 개정을 주도하는 주 의원들도 기업 관계자를 따로 만나면 쩔쩔맬 수밖에 없는 것이 현실이다.

'자유'를 내세운 전쟁

이처럼 대통령과 행정부, 여당과 야당이 모두 빅테크와 전면전을 벌이는 가운데 전직 대통령으로 차기 재도전을 노리는 트럼프까지 빅테크와 소송전을 시작했다. 즉 빅테크와 미국 정치권의 싸움은 전선이 하나가 아니라 몇 개의 전선으로 계속 확대·격화되는 중이다. 아마도 소수의 특정 기업들을 상대로 세계 최강의 미국 정부, 미국의 여당과 야당 그리고 전직 대통령, 여기에 미국과 함께 서방세계의 권력을 대표하는 유럽연합까지 몇 개의 기업과 끝장 대결을 벌이는 것은 사상 초유의 일일 것이다.

중국 역시 자국의 권력에 도전할 자세를 보이는 국내 최대 빅테크를 여지없이 무너뜨렸다. 미국, 유럽, 중국 등 세계의 국가와 정부·정치권이 빅테크를 얼마나 무서운 존재로 보고 있는지 바로 이 점에서 여실히 드러난다. 앞서 언급했듯이 이들은 모두 빅테크를 국가권력을 대체할 새로운 독재자로 보고 사활을 건 전쟁을 벌이는 것이다.

그렇다면 빅테크와 국가·정부 사이의 전쟁에서 누가 이길까? 이 전쟁의 승부가 간단치 않은 것은 서로 가장 핵심적이고 중요한 가치를 내세우는 싸움이기 때문이다. 빅테크는 자본주의 사회에서 기업 활동의 자유, 언론의 자유를 내세운다. 이에 대해 정부는 자유로운 경쟁을 보장하기 위한 독점 금지, 개인정보 보호, 사회적 안전의 보장 등을 주장한다. 어느 한쪽의 손을 쉽게 들어주기 어려운 가치들의 싸움이다.

빅테크와 정부의 싸움은 정치권이나 정당 사이의 권력 싸움, 즉 정쟁(政爭)과 근본적으로 다르다. 정쟁에서 패한 쪽은 계속 정치권에 남아 다음 기회를 노릴 수 있다. 하지만 빅테크와 정부의 대결, 즉 기업과 정부의 대결에서 기업이 패한다면 그 기업은 아예 사라지거나 주인이 바뀌어 전혀 다른 기업이 될 수 있다.

그리고 무엇보다 그들이 서로 사활을 거는 이유, 끝장 대결을 벌이는 이유는 최고의 독점적인 권력을 차지하기 위해서이다. 다시 말해 이 대결에서 이기는 쪽이 앞으로 국가 및 세계 질서를 주도하는 권력을 손에 넣게 된다는 생각에서 그들은 모든 것을 걸겠다는 기세로 맞붙고 있다.

목표는 최고 권력의 독점

이전까지는 세계 최강의 권력을 확보하기 위해 추구하는 이념이 다른 정치 세력들끼리 싸움을 벌였다면, 이제는 정치권과 기업이 이런 경쟁을 벌이고 있다. 문제는 이런 거대 권력 간의 갈등이 더해갈수록 그 과정에서 경제적·사회적 혼란, 그에 따른 부담과 피해가 일반 대중에게 돌아갈 수 있다는 것이다.

최대 기업을 한 번에 꼼짝 못 하게 만드는 중국에 비해 미국은 어떤가? 페이스북 감독위원회는 트럼프 전 미국 대통령의 계정 중단 조처를 계속 이어나가기로 했다고 밝혔다. 앞서 페이스북 감독위원회는 트럼프 전 대통령의 계정을 무기한 폐쇄했다. 트럼프 지지자들이 2021년 1월 연방의회 의사당 점거 폭동을 일으킨 이후 페이스북은 트럼프가 폭동을 선동했다고 판단해 계정을 중단시켰다.

이렇듯 중국과 미국의 상황은 정반대라고 할 수 있다. 중국에서는 정부가 기업을 선택한다면 미국에서는 언제부턴가 기업이 정부를 선택했다. 알리바바 앤트그룹의 창업주 마윈처럼 아무리 세계적인 기업인이라도 정부의 눈 밖에 나면 한방에 무력화시키고 다른 기업들까지 정부에 충성을 맹세하게 만드는 나라가 중국이다. 반면 미국은 빅테크들이 막강한 영향력으로 사실상 대통령과 정부를 결정하는 단계에 왔다. 마음에 안 들면 대통령도 바꿀 힘이 기업에 있다. 즉 기업이 정부를 선택하는 나라이다.

물론 정부가 기업을 선택하는 중국은 나쁘고 기업이 정부를 선택하는 미국은 무조건 좋다는 뜻이 아니다. 대기업들이 정부를 선택할 수 있을 정도의 힘을 가진 것은 결코 바람직하지 않다. 특히 그 기업 소유자와 경영진의 이념이 정치적으로 착한 척 위선 떠는 그런 사람들이라면 이는 더욱 큰 문제일 수 있다.

정부가 기업을 선택하는 중국과 기업이 정부를 선택할 수 있는 미국, 어느 나라가 더 발전하고 국민이 살기 좋을까? 그리고 양국의 경쟁에서 어느 나라가 승자가 되고 궁극적으로 세계의 패권을 차지할까? 이 승부는 결국 두 나라 기업의 성과가 결정할 것이다. 간단히 말해서 양국 기업의 차이에서 드러날 수밖에 없을 것이다.

예를 들면, 2021년 초 아마존 CEO에서 물러난 제프 베이조스는 지금 무얼 하고 있을까? 테슬라의 일론 머스크와 우주 경쟁에 한창이다. 누가 먼저 화성에 사람을 보내느냐, 누가 먼저 민간 우주여행 시대를 여느냐 하는 사활을 건 경쟁을 벌이고 있다. 그리고 그 과정에서 하루가 다르게 기술이 발전하고 있다. 과연 중국에서 이런 기업인과 기업이 나오고, 이런 경쟁 그리고 그 경쟁을 통한 혁신과 발전이 가능할까?

일부에서는 미국 정치권과 대기업을 모두 중국 자본이 지배하고 있으며, 결국 중국에 다 뺏기고 미국은 망할 것이라고도 주장한다. 앞서 말했듯이 기업이 정부를 선택하고 결정하는 나라가 반드시 바람직한 것은 아니다. 빅테크들이 자신들의 욕심을 위해 미국과 세계를 움직이려는 시도에 대한 우려가 많은 것도 사실이다.

빅테크와 디지털 민주주의

전 세계의 점점 더 많은 사람이 정보와 통신을 위해 디지털 미디어 기술을 사용함에 따라 디지털 미디어는 시민 정치 생활의 필수적인 부분이 되었다. 디지털 미디어는 사람들 사이를 연결하는 중요한 플랫폼을 구성했다. 그러나 디지털 미디어는 정보를 제공하고 메시지를 동원하는 동안 잘못된 정보 유포, 정보 분열 및 정치적 양극화에 대한 우려를 높이는 역할도 했다. 그리고 디지털 미디어의 개발부터 모든 운영은 소수의 빅테크들이 전적으로 장악하고 있다.

그 결과 디지털 시대의 권리와 자유는 점점 더 빅테크들이 정한 규칙에 따라 결정되고 있다. 트위터가 의사당 폭력 사태 여파로 도널드 트럼프 전 미국 대통령을 침묵시키기로 한 것, 페이스북이 오스트레일리아 출판사와 이용자의 뉴스 콘텐츠 공유나 열람을 금지한 것, 유튜브가 백신 반대 콘텐츠의 잘못된 정보 확산을 차단하기로 한 것 등은 빅테크가 얼마나 막강한 힘과 영향력을 지니고 있는지 보여주는 단적인 사례일 뿐이다. 빅테크들이 제공하는 플랫폼은 정보 세계의 **게이트키퍼**(gatekeeper)* 역할을 진작에 넘어 하나의 권력으로 자리 잡았다.

의사소통을 위해 소셜미디어를 사용할 때 우리는 그러한 플랫폼을 통제하는 사람들의 허락과 조건에 따라 움직인다. 디지털 기술을 통제하는 사람들은 편리함, 즐거움, 심지어 부를 가져다줄 뿐만 아니라 힘을 줄 수 있다는 점에서 권력은 단순히 기술을 소유하는 것이 아니라 기술을 통제하는 자에게 달려 있다.[1]

---

* 어떠한 메시지가 선택 또는 거부되도록 하는 사람을 말한다. 언론 부문에서는 뉴스를 취사선택하는 기자, 편집장 등 뉴스 결정권자를 의미한다. 인터넷 시대에는 포털 사이트 운영사, 소셜미디어 기업 등 정보 플랫폼 소유자도 이러한 역할을 한다.

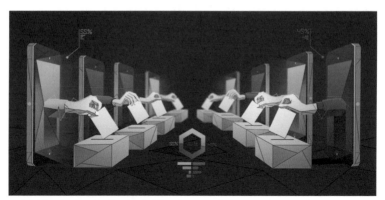

소셜미디어를 구동하는 인공지능 기술이 하루가 다르게 급속히 발달하면서 민주주의에 대한 영향력 또한 상상을 초월한다.

소유보다 중요한 통제

구글은 데이터에 대한 방대한 통제권을 가지고 있으며, 우리가 검색하는 정보가 어떻게 구조화되어 있는지를 스스로 결정하는 독점 기업이다. 페이스북은 되도록 많은 권력을 얻고 사회에 영향을 미치려는 목적을 바탕으로 한 데이터 확보 능력을 가지고 있다. 아마존은 최근 매우 민감한 미국 정부의 정보 저장소로 지정되었다.

이러한 기업들이 휘두르는 권력이 권위주의적 정부, 심지어 전체주의적인 정부에도 적용될 경우 정부의 감시·선전 및 통제를 훨씬 더 광범위하고 효과적으로 만든다.[2] 이처럼 디지털 미디어의 막강한 힘은 인공지능, 데이터 등 첨단 과학기술을 기반으로 한다. 특히 소셜미디어를 구동하는 인공지능 기술이 하루가 다르게 급속히 발달하면서 민주주의에 대한 영향력 또한 상상을 초월한다. 그리고 이와 관련한 문제는 과학기술과 정치의 문제에서 다양하고 광범위한 의제를 제공한다.

정부와 기업, 정치적 이념을 바탕으로 하는 단체 활동가들이 디지털 미디어 등 과학기술의 힘을 남용하면서 민주적 시스템에 위협을 가하는 것도 중요한 논의 사항이다. 이러한 문제는 민주적 거버넌스의 이상이 위협받을 정도로 발생하고 있다.

결과적으로 빅테크들이 국가권력보다 더 강하게 대중을 통제할 수 있는 힘을 가지게 되면서 정치체제가 권위주의적이고 독재적인 체제로 옮겨가는 데 필요한 자원을 제공하고 그 변화를 촉진하는 역할까지 한다. 민주적이든 전제적이든 폭압적이든 정부는 인터넷이 인공지능과 결합해 스스로 또는 국내나 외부의 힘으로 사람들을 감시하고 위협하며 세뇌하고 통제할 수 있는 강력한 도구를 제공한다는 사실을 잘 알고 있다.

힘의 불균형

정치권력은 소셜미디어를 권력의 도구로 이용하려는 시도를 계속해왔다. 소셜미디어가 선거와 정치 담론에 미치는 영향은 세계적인 현상이 되었다. 정치권력은 대중의 신뢰를 조작하기 위해 소셜미디어 등을 이용한다. 정치권력과 대중이 정보를 만들고 수집하며 배포하는 매체, 정치적 이해관계자들이 모두 참여하는 플랫폼은 모두 영리를 추구하는 기업이 독점적으로 운영하는 곳이다. 현재 소수의 대기업이 디지털 라이프를 통제하고 있다. 이용자는 여기에 대한 발언권이 없다. 이처럼 권력을 독점한 정부와 플랫폼을 장악한 기업, 그리고 이용자 사이 힘의 불균형이 계속된다면 민주주의 제도는 쇠퇴하고 말 것이다.

빅테크가 제공하는 온라인 검색, 소셜 커뮤니케이션, 게임 및 기타 엔터테인먼트 같은 서비스는 기본적으로 무료로 제공된다. 그들의 주 수익원은 광고인 만큼 최적화된 광고를 제공하는 과정에서 이용자의 관심을 끌기 위한 데이터를 수집한다. 구글과 페이스북 같은 빅테크들은 미국 디지털 광고 시장의 60퍼센트를 점유하고 있으며, 이를 바탕으로 그들의 기업가치는 천문학적으로 증가했다.[3]

빅테크들은 대규모 데이터를 독점적으로 통제함으로써 각각의 시장 부문뿐만 아니라 인공지능 개발과 훈련에서도 막강한 능력을 확보했다. 그리고 이를 바탕으로 기존 시장에서 입지를 더욱 강화하고 새로운 시장에서 유리하게 출발할 수 있다.

현재 우리가 사용하는 스마트폰이나 태블릿은 이러한 비즈니스 모델을 지원하도록 완벽하게 조정된 방식으로 개발·제작된다. 우리는 사실 도청 장치를 주머니에 넣어 다니고 있다 해도 과언이 아니다. 이러한 기기들을 비롯한 주변의 많은 일상용품에 센서 기술이 탑재된 이유는 무엇보다 이용자의 개인정보를 수집하고 이용하기 위함이다. 이와 같은 사실을 알고 기기를 이용하는 사람이 있는가 하면, 대부분은 그런 의심조차 하지 않고 빅테크를 믿고 다양한 기기의 이용을 받아들인다.

빅테크의 기술과 플랫폼이 일상생활과 사실상 일체가 되다시피한 상황은 특정 집단의 이익 추구에 매우 좋은 환경이다. 이는 기술에 의한 현실 왜곡까지 가능하게 한다. 한 예로, 미국에서는 수십억 건의 로보콜(robocall, 자동녹음전화), 사람이 전화하는 것처럼 보이는 전화 및 이메일 메시지(다수는 사기)가 넘쳐난다. 이메일, 전화, 고객 서비스 담당자와의 채팅 세션 등에서 적어도 처음 연결은 상대방이 인공지능 프로그램인 경우가 많다. 2020년까지 고객 서비스 상호작용의 80퍼센트 이상이 이러한 기술을 도입한 것으로 알려졌다.

AI·로보틱스 시스템은 정치 활동을 위한 사용을 포함해 응용 분야가 다양하다. 이 전략은 빠르게 확산했다. 한 보고서에 따르면, 옥스퍼드대학의 컴퓨터 선전 연구 프로젝트의 일환으로 연구원들이 약 30만 개의 트위터 계정을 살펴본 결과 단 1퍼센트의 트위터 계정에서 브렉시트 토론과 관련한 전체 트윗의 약 3분의 1을 생성한다는 것을 발견했다. 그들은 그 계정 중 많은 수가 봇(bot)에 의해 운영된 것으로 결론지었다.[4]

신뢰와 법치주의에 대한 위협

빅테크가 영향력이 커지는 정도를 넘어 세계인의 일상생활을 사실상 지배하게 되면서 항상 제기되는 문제는 신뢰 그리고 민주주의의 기본이 되는 법치주의라고 할 수 있다. 한 예로, 빅테크의 기반 기술을 연구·개발하는 인공지능과 머신러닝 연구자들은 인공지능 기술의 발전과 활용을 공익적으로 구체화하는 기관으로 빅테크보다 국제기구와 과학기구를 신뢰하는 것으로 나타났다.

누구를 믿어야 하나

학술지 〈인공지능 연구 저널Journal of AI Research〉에 게재된 연구에서 코넬대학 연구팀은 인공지능 시스템의 개발 및 관리 기관에 대한 연구자들의 신뢰 문제를 제기했다.[5] 연구팀은 기술기업과 정부 모두 신뢰할 수 있는 인공지능 구축을 원한다는 점을 강조하고 있지만, 이는 인공지능 시스템을 개발하고 관리하는 기관에 대한 신뢰와 직결된다고 지적했다.

이 조사에서는 인공지능 및 머신러닝 연구자들이 민간 과학단체와 정부 간 연구기관을 가장 신뢰하고 있으며, 미국의 일반 대중보다 유엔과 유럽연합 같은 국제기구에 대한 신뢰 수준이 더 높은 것으로 조사되었다. 첨단 인공지능을 개발해 공공의 이익을 위해 활용하는 서구의 기술기업과 정부에 대한 인공지능 및 머신러닝 연구자들의 신뢰는 낮거나 중간 수준 이하인 것으로 나타났다.

응답자들은 대체로 페이스북을 제외한 서구의 기술기업들에 대한 신뢰를 중국의 기술기업들보다 높게 평가했으며, 미국 정부와 중국 정부 및 군부에 대한 태도에서도 같은 태도를 보였다. 이 조사에서는 인공지능의 군사적 응용에 대한 연구자들의 인식도 조명했는데, 미국 대중은 미군을 매우 신뢰할 수 있는 군대 중 하나로 평가했지만 연구자들의 미군에 대한 신뢰도는 상대적으로 낮았다. 연구팀은 이러한 조사 결과가 인공지능에 대한 규제, 거버넌스 구조, 정책 기조, 국가 및 국제 거버넌스 전략에 대한 인식 개선에 도움이 될 것이라고 밝혔다.

디지털 시대의 헌법

빅테크의 압도적인 영향력은 디지털 시대에 누가 정통성을 가지고 있고, 누가 권력을 가져야 하며, 민주주의가 어떻게 가장 잘 기능할 수 있는지에 대한 헌법적 의문을 제기한다. 이는 개인의 권리와 공권력이 세계적인 범위에서 기업 등 서로 다른 집단 사이에 '재배치'되는 새로운 단계인 디지털 법치주의가 부상하고 있음을 보여준다.

디지털 법치주의는 책임감 있는 정부, 개인의 권리, 법치를 포함한 근대 법치주의의 뿌리를 혁신하는 것을 의미하지 않는다. 오히려 디지털 시대에 헌법의 역할을 다시 구성하는 것이 핵심이다. 현대 법치주의는 항상 견제와 균형을 통한 기본권 보호와 권력 제한이라는 두 가지 사명을 추구해왔다.

디지털 시대의 주된 관심사 중 하나는 인터넷의 차단이나 감시와 같이 권리와 자유를 위협하는 공권력의 행사에 관한 것이다. 미국 국가안보국(NSA)에 의한 무차별 감시 실태를 폭로하는 문서를 유출한 에드워드 스노든 사건을 계기로 국가안보와 개인의 사생활에 대한 논란이 일었다. 그러나 현재 인터넷을 장악하고 있는 민간기업들은 전 세계 수십억 명의 이용자에게 적용되는 서비스 약관이나 커뮤니티 가이드라인을 자체적으로 만들어 시행하고 있다. 이 규칙들은 헌법상의 기본권 보호와 민주주의 가치와 경쟁하는 새로운 기준으로 자리 잡았다.

입헌 민주국가에 대한 도전은 더 이상 국가 기관으로부터 비롯되지 않는다. 오히려 가장 큰 우려는 전통적으로 공공기관이 통제하는 것들을 아무런 안전장치 없이 통제하는 민간기관에서 연유한다. 빅테크들이 세계적인 범위에서 개인의 권리와 자유를 설정하고 집행할 수 있는 능력은 대중에 대한 그들의 힘이 얼마나 큰지를 보여준다.

페이스북이나 구글이 온라인 콘텐츠를 관리할 때 항상 헌법적 안전장치를 고려할까? 그렇지 않다. 민간기업의 사적 기준에 따라 표현의 자유 등 개인의 권리나 공익에 대한 결정을 내리고 있다. 그리고 이러한 결정은 법원이 아닌 회사가 직접 시행한다.

책임 회피의 결과

상황이 이렇다 보니 투명성과 책임론이 대두된다. 정치광고를 위한 광범위한 개인 데이터 수집으로 문제가 되었던 케임브리지 애널리티카 스캔들과 최근 페이스북의 자체 연구로 소셜미디어가 젊은 이들의 정신 건강에 잠재적으로 해로운 영향을 미친다는 사실이 밝혀지면서 빅테크의 책임에 대한 논쟁이 커졌다.

빅테크들은 더 이상 '언론의 자유', '표현의 자유'라는 구호 뒤에 숨으려고 해서는 안 된다. 선도적인 빅테크들은 스스로 정한 우선순위에 책임을 져야 한다. 그들은 더 이상 해로운 정보의 확산과 선동의 원인을 알고리즘 탓으로 돌릴 수 없다.

지금까지 빅테크의 로비스트들은 의회 등 정치권과 규제 기관이 자신들의 플랫폼을 그저 단순하게 전화선 정도로 보도록 설득해왔다. 이처럼 편리하게 자신들의 성격을 규정함으로써 수많은 상황에서 명예훼손 책임을 면할 수 있었다. 이에 따라 2016년 미국 대통령 선거가 끝날 무렵 가짜 뉴스가 실제 뉴스보다 더 많은 상황이 실제로 일어났다.[6]

입헌 민주주의 국가들은 여전히 기술기업의 힘에 어떻게 대응해야 할지 고민하고 있다. 그리고 비록 정부와 빅테크가 세계적인 도전 과제를 공유하지만 국가들이 항상 같은 방식으로 반응하지는 않는다. 입헌 민주주의 국가가 일반적으로 민주주의 사회에서 일상생활의 일부로 권리와 자유를 보호한다고 해도, 이는 이러한 보호가 전 세계적으로 평등하게 이루어진다는 것을 의미하지는 않는다.

유럽에서는 콘텐츠 조정과 데이터 보호에 기술기업이 더 많은 책임을 지게 하려는 원칙에서 '디지털 서비스법'과 '일반 데이터 보호

규정'이 생겨났다. 그러나 미국은 여전히 디지털 시대에 표현의 자유를 보호하기 위한 최선의 접근법이 자율에 의한 규제라는 입장을 유지하고 있다. 심지어 미국 대법원도 인터넷(특히 소셜미디어)이 민주주의 포럼으로서 중요한 역할을 한다고 강조했다.

그 결과 온라인 플랫폼은 개인의 자유, 권리 등 헌법적 원칙의 보호를 위해 시간과 자원을 투자하려는 생각이 별로 없다. 페이스북 감독위원회 같은 소셜미디어 협의회의 도입은 투명성과 책임성을 위한 중요한 단계로 환영받고 있다. 그러나 페이스북이 그랬듯이, 대법원 등 최고법원처럼 제도적 허울을 내세워 자신의 권력을 더욱 확고히 하기 위한 또 다른 방법으로 여겨질 수 있다.

디지털 법치주의는 대기업의 권리 보호와 권력 행사를 분석하기 위한 다양한 관점을 제공한다. 이는 또한 어떻게 개인의 권리와 자유가 국가권력에만 종속되는 것이 아니라 빅테크에게도 점점 더 종속되는지에 대한 논쟁을 불러일으킨다.

 # 가짜 뉴스와 정치적 양극화

심화되는 정치적 양극화

2020년, 미국은 대통령 선거 역사상 그 어느 때보다 심각하게 양분된 선거를 경험했다. 조 바이든 대통령은 2021년 1월 취임하면서 미국 국민에게 통합을 호소했지만, 시간이 지나도 나아질 기미는 보이지 않고 오히려 분열의 골이 더욱 깊어지는 모습이다. 이 점은 2022년 3월 대통령 선거 사상 가장 근소한 표차로 당선자가 결정된 한국에도 시사하는 바가 매우 크다. 한국 또한 그 어느 때보다 강하게 두 진영으로 분열된 가운데 대통령 선거를 치렀고, 날이 갈수록 심해지는 정치적 양극화의 해법을 찾기는 더욱 어려워지고 있다.

'인포데믹'의 위험성

미국 서던캘리포니아대학교(USC) 언론대학원 연구팀과 지그널

랩스(Zignal Labs) 및 골린(Golin)이 공동으로 개발한 양극화 지수 (Polarization Index)의 최근 데이터는 정치적 양극화가 여전히 심각한 수준이라는 것을 보여준다.[1] USC 연구팀은 정치적·사회적 양극화 문제를 이해하고 잘못된 정보에 대응하며, 선거 과정에서의 사이버 공격에 맞서기 위한 여러 가지 구체적인 방법을 연구하고 있다. 진실을 존중하는 정치를 모델화하고 발전시키는 것을 목표로 하는 연구팀은 "오늘날 미국에서는 분노에 찬 광장에 갇혀 반대편을 적으로 여기고 패배자는 경기장을 불태우려 한다"고 말했다. 그러면서 연구팀은 특정 세력이 의도적으로 확산시키는 가짜 뉴스를 팬데믹 (pandemic)에 빗대어 인포데믹(infodemic)이라 부르며 그 위험성을 경

특정 세력이 의도적으로 퍼뜨리는 가짜 뉴스에 많은 사람이 혼란스러워하는 것은 물론, 정치적 양극화가 더욱 극심해지고 있다.

고했다.

미국 사회를 위협했던 가짜 뉴스 중 일부는 러시아와 같은 외국에 의해 전파되기도 하지만, 때로는 소셜미디어 사용자가 자신도 모르게 가짜 뉴스를 확산시키는 역할을 하고 있다. 2016년 미국 대선을 앞두고 힐러리 클린턴의 건강에 의문을 제기하는 가짜 뉴스와 트윗이 대표적이다. 선거일을 며칠 앞두고 러시아가 운영하는 계정들은 선거의 **무결성(無缺性)**[*]에 대한 의문을 제기했다.

USC 연구팀은 잘못된 정보가 얼마나 널리 퍼져 있는지, 선거를 뒤흔들 수 있는 잘못된 정보를 퍼뜨린 책임이 누구에게 있는지, 또 코로나-19 팬데믹 상황에서 그러한 현실을 진짜라고 믿지 않음에 따라 감염자들을 죽음에까지 이르도록 한 책임이 누구에게 있는지 등을 측정했다.

그들은 트위터와 같은 소셜미디어에서 악의 없이 가짜 뉴스의 확산자 역할을 하는 계정까지 추적할 수 있는 도구를 개발했다. 심층적인 분석을 통해 USC 연구팀은 위조된 동영상, 즉 딥페이크 동영상, 가짜 그래픽, 음모론을 바탕으로 한 가짜 뉴스의 핵심 전파자가 미국 아닌 외국에서 운영하는 봇(bot) 계정이라는 사실을 발견했다. 이에 따라 연구팀은 봇이 트위터에 음모론을 어떻게 뿌려대는지 추적했는데, 2016년에는 외국인이 운영하는 가짜 계정이 미국 대선에

---

[*] 보통선거, 평등선거, 직접선거, 비밀선거, 자유선거 등 민주주의 선거의 원칙이 침해되지 않음으로써 완전하고, 정확하고, 일관되며, 유효한 선거가 되도록 하는 특성이다.

영향을 미치려 한다고 경고했다. 그리고 2020년 선거를 앞두고도 비슷한 움직임을 포착했다. 2020년에는 봇에 의한 콘텐츠 리트윗이 감소했지만, 여전히 위협적인 수준이라고 지적했다.[2]

과학도 법도 필요 없다

2020년에 트위터에서 봇이 무차별적으로 확산시키는 가짜 뉴스가 2016년보다 감소한 것은 두 가지 이유로 설명할 수 있다. 트위터와 같은 기업이 봇을 감지하고 차단하는 능력을 높였다는 것이 한가지 설명이다. 또 다른 설명은 사람들이 봇이 만든 콘텐츠를 더 잘알아차리고 이를 외면하는 능력이 향상되었다는 것이다. 그러나 사용자가 전보다 더욱 정교해진 봇의 활동을 식별할 수 없어 이를 리트윗할 때 감지하지 못했을 가능성도 있다.

음모론과 온라인상의 폭력이 증가하는 가운데 2020년 미국 대선이후 미국인들은 선거 결과에 의문을 제기하는 전례 없이 많은 주장과 법원의 권위에 대한 심각한 도전을 목격했다. 주 및 지방의 선거 관계자들이 어떠한 부정이 개입된 증거도 찾을 수 없다는 과학적·법적으로 검증된 결과를 가지고도 극단적인 세력으로부터 위협, 심지어 살해 협박까지 받는 일이 비일비재했다.

이처럼 심각한 수준의 정치적 양극화는 비교적 최근의 현상처럼보일 수 있다. 그러나 이는 수년 동안 곪아온 것이다. 미국에서 양극화로 이어진 정치적 균열은 과거 노예제도를 둘러싼 논란 당시까지 거슬러 올라갈 수 있다. 이러한 역사적 경험을 배경으로 이념에 따른 분열이 시간이 지남에 따라 정치적 양극화가 더욱 악화되었다. 이제 진보·자유주의자는 민주당 진영과 확실히 연계했으며, 보수주의자는 거의 전적으로 공화당과 연대하고 있다.

정치적 양극화 경향의 변화

미국에서 정치적 양극화 현상이 심화되고 있다고 알려진 가운데 대니얼 델라포스타는 이러한 양극화가 단순히 심해지는 것뿐만 아니라 의견들 사이 상호 연관성과 범위가 확장되고 있다는 연구 결과를 발표했다.[3] 사회학적 데이터 분석 방법을 연구하는 델라포스타는 이 연구를 위해 시카고대학이 1972년부터 2016년까지 수집한 GSS (General Social Survey) 데이터를 이용해 네트워크 모델을 만들어 의견들 사이의 네트워크를 분석했다.

그에 따르면, 미국인 여론조사 데이터 분석 결과에서 외면적으로 연결되지 않은 많은 정치적 문제가 이념적으로 점점 더 상호 연관성이 강해진다고 한다. 예를 들어, 과거에는 낙태권에 대해 의견이 다르면서도 총기 규제나 세율에 대한 의견은 일치했을 수 있었지만, 이제는 그러한 관련 없는 문제들에 대한 합의 여부가 각자의 이념과 더욱 밀접하게 연결된다는 것이다.

델라포스타는 이 연구가 양극화의 다른 구조적 요소를 보여줄 뿐만 아니라, 인구 전반에서 다른 의견과 신념이 어떻게 서로 연관되어 있는지를 보여준다고 말했다. 그는 특히 문제가 되는 것이, 예전 같으면 반대 의견 집단 사이에서 합의가 가능했던 의견이 이제는 줄어들고 있다는 사실이라고 지적했다. 이는 그만큼 사람들 사이에 타협과 합의의 여지가 감소하고 있다는 의미라는 것이다.

과거 정치적 양극화 연구에서는 주로 어떤 면에서 양극화가 심화되었다는 결론을 내리면서도 미국인 전체에 그러한 현상이 나타난 것으로 보지 않았다. 그러나 이 연구에서는 인구 전체에 걸쳐 양극화가 나타난다는 점에서 더욱 우려된다고 델라포스타는 설명했다.

미국 민주주의 역사상 최악의 오점

2021년 1월 6일 조 바이든 대통령이 당선된 대선 결과에 불복해 도널드 트럼프 전 미국 대통령 지지자들이 미 국회의사당에 난입해 폭력 시위를 벌였다. 이 사건은 미국 민주주의 역사상 가장 수치스러운 사건의 하나로 꼽힌다. 트럼프 전 대통령 지지자들의 의사당 폭력 시위 과정에서 시위대 4명과 경찰 5명이 숨지고 140여 명이 다쳤다. 미국 민주주의에 씻을 수 없는 오점으로 남은 이 사건의 중심에는 정치적 양극화를 극도로 부추긴 가짜 뉴스 또는 가짜 뉴스에 의한 정치적 양극화의 극단화 현상이 있다고 할 수 있다.

사실 2020년 미 대선은 진작부터 부정선거 논란 가능성이 제기되

트럼프 전 미 대통령의 지지자들이 미 국회의사당에 난입해 폭력 시위를 벌였다. 이는 미국의 정치적 양극화와 극단화가 빚은 미국 민주주의 역사상 최악의 사건이었다.

었다. 2020 미국 대선 분위기의 특징 중 하나는 유권자 사이에서 선거에 대한 불신감이 더해가고 있었다는 점이다. 야후 뉴스와 유고브 여론조사에 따르면 미국 국민의 22퍼센트만이 2020 대선이 '자유롭고 공정할 것'이라고 믿는 것으로 나타났다. 이전부터 이야기가 나오고 있었지만, 자칫 미국 대선이 끝난 후 결과에 대해 승복하지 않는 혼란의 가능성을 다시 한번 제기하는 대목이었다.

트럼프 지지자의 절반(50퍼센트)은 이 선거가 자유롭고 공정하지 못할 것이라고 답했고, 바이든 지지자의 3분의 1 이상(37퍼센트)이 그렇게 생각한다고 응답했다. 이처럼 선거가 자유롭지 않고 공정하지 않을 것이라고 응답한 미국 국민이 46퍼센트로, 자유롭고 공정한 선거가 될 것이라는 의견을 밝힌 미국 국민의 2배가 넘었다.

미국의 대통령 선거는 공화와 민주 양당 대결인 만큼 사실상 경합에 가까운 결과가 이미 예상되었다. 선거에 대한 유권자의 불신이 이렇게 강하다면 선거 후 민주주의 제도에 대한 불신에 따른 혼란을 피하기 어려울 것이라는 전망도 이미 제기되었다. 3분의 1 이상(34퍼센트)은 이번 선거가 한 후보 또는 다른 후보에게 유리하게 조작될 것이라고 생각하는 반면, 24퍼센트만이 이를 부정하고 있다. 한편, 60퍼센트의 응답자는 적어도 약간의 사기행각이 일어날 것이라고 믿고 있으며, 34퍼센트는 결과를 뒤집기에 충분할 것이라고 생각했다.

결국 트럼프 본인과 지지자들은 승부가 패배 쪽으로 기울자 기다렸다는 듯이 온갖 부정선거 음모론을 주장했다. 여기에 일부 극우 성향 언론들이 가세했고, 이러한 가짜 뉴스를 미국뿐만 아니라 한국의 보수 유튜버들까지 앞뒤 가리지 않고 퍼 나르며 돈벌이 수단으로 이용했다.

의사당 폭동 1주년 하루 전인 2022년 1월 5일 '1월 6일, 기억하고 행동해야 할 날'을 슬로건으로 내건 온라인 행사가 열렸다.[4] 1,000명이 넘는 사람들이 화상으로 참여한 이 행사에서 사회를 맡은 프랜시스 아놀리는 "최근 '민주주의와 선거 지원 국제기구(IDEA)'에 따르면 미국은 민주주의가 퇴보해 처음으로 브라질, 인도, 헝가리, 폴란드 등과 같은 그룹으로 묶였다"며 "희망은 멀고 슬픔과 분노·공포·혼돈·냉소가 바로 앞에 있는 것 같다"고 했다.

유대교 랍비인 샤론 브루스는 "끔찍한 폭력으로부터 일 년이 지난 지금 우리는 정의를 원한다"며 "오늘이 새로운 미국이 되는 촉매제가 되기 바란다"고 했다. 참가자들은 '정치적 양극화가 우리 가족과 지역사회, 이웃에 어떤 영향을 미쳤는가', '민주주의를 되살리기 위해 내가 할 일은 무엇인가' 등의 질문을 나누며 각자 의견을 적기도 했다.

정치적 양극화의 도구

2020년 미국 대통령 선거에서 본격화한 음모론의 정치적 도구화, 부정선거 음모론을 통해 정치적·경제적 이익을 추구하는 행태는 코로나-19 사태로 연결되었다. 트럼프와 그 지지 세력은 코로나-19 사태의 원인과 정부 대응 등에 대한 대중의 불안과 불만을 무차별적이고 근거 없는 음모론에 연결시켰다.

이러한 현상은 한국에서도 마찬가지였다. 코로나-19 백신의 안전성을 완전하게 입증하지 못한 제약사와 정부 당국의 오락가락하는 방역 대책에 따른 개인 자유의 침해와 피해 문제는 분명 시급한 해결을 촉구할 일이다. 그런데 일부 정치인은 자신의 정치적 이익을 위해, 그 추종 세력은 이슈 선점과 세력 결집 등을 위해 황당무계한 음모론을 닥치는 대로 확산시켰다.

부정선거에서 코로나-19로

미국과 한국 등 극우세력은 코로나-19 사태를 정치적 영향력 확대의 기회로 삼고 되도록 모든 방법을 동원했다. 한 연구에 따르면, 익명성을 강조한 소셜미디어 텔레그램에서 가장 많이 본 10개의 게시물 중 9개는 백신이나 백신을 제조하는 제약회사의 안전에 대한 오해를 불러일으키는 주장을 담고 있었다. 한 텔레그램 채널은 코로나-19 음모론에 기댄 후 전체 가입자가 10배나 급증했다.

이 연구를 진행한 런던 소재 전략대화연구소의 분석가 시아란 오코너는 "코로나-19는 급진화의 촉매제 역할을 하고 있다"면서 "코로나-19는 음모론자나 극단주의자들이 단순한 이야기를 만들 수 있게 하며, 또 우리 대 그들, 선 대 악으로 간주할 수 있게 한다"고 말했다.[5]

다른 게시물들도 코로나바이러스의 심각성을 경시하거나 그 기원에 대한 음모론에 집중하고 있었다. 이 게시물 중 상당수는 유대인, 아시아인, 여성 또는 다른 단체를 향한 혐오 발언을 담고 있었으며, 페이스북이나 트위터에서 해당 사이트의 기준을 위반했다는 이유로 자동 삭제되는 폭력적인 표현을 포함하고 있었다.

오코너는 그 배후에 있는 사람들은 코로나-19에 대한 두려움과 불안감을 이용해 자신의 세력을 늘리려 한다고 설명했다. 실제로 코로나-19의 음모 게시물에는 몇몇 직접적인 모집 공고가 섞여 있었다. 예를 들어, 극우 단체의 구성원이자 미 대선 후 의사당 폭동에 참여했던 프라이드 보이즈는 이러한 방법을 적극적으로 활용했다.[6]

트럼프가 상황을 악화시켜

미 하원은 2021년 12월 트럼프 행정부가 정치적 목적으로 코로나바이러스 팬데믹에 대한 미국의 대응을 약화시키기 위해 '고의적인 노력'을 시도했다는 보고서를 공개했다.[7] 하원의 코로나 대응 조사 소위원회가 작성한 이 보고서는 백악관이 당시 트럼프 대통령의 정치적 의제를 홍보하기 위해 미국 최고 감염병 전문가들의 공중 보건 및 검사 지침을 번번이 무시하고 관리들의 목소리를 차단했다고 밝혔다.

백악관 코로나 대응 조정관인 데보라 버크스가 마크 쇼트 부통령 비서실장에게 보낸 이메일에 따르면, 2020년 10월 프랜시스 콜린스 국립보건연구원(NIH) 원장은 집단면역전략에 대해 '빠르고 획기적인 발표'를 요구했다. 버크스는 소위원회와의 인터뷰에서 미국이 공중 보건 비상사태를 선포한 지 한 달이 넘은 2020년 3월에도 연방정부 관리들이 아직 코로나 검사기를 공급할 수 있는 미국 내 최대 기업들과 접촉하지 않았다는 사실을 알게 되었다고 털어놓았다.

버크스는 또 백악관 핵심 관리들이 "2020년 8월 질병통제예방센터(CDC)의 코로나바이러스 검사 지침을 의도적으로 약화시켜 바이러스가 미국 전역으로 얼마나 빠르게 퍼지는지를 파악하려고 했다"는 사실도 공개했다. 당시 변경된 지침에는 "무증상자는 검사받을 필요가 없다"고 권고했는데, 이는 과학에 기반한 권고사항과는 상반되는 것이었다고 덧붙였다.

소위원회는 트럼프 백악관이 질병통제예방센터의 공개 브리핑 진행 요청을 석 달 넘게 차단한 사실도 밝혀냈다. 질병통제예방센터의 고위 관리는 2020년 2월 말 브리핑에서 "코로나바이러스에 의한 위험을 대중에게 정확히 경고했다"고 밝혔다. 다른 질병통제예방센터의 관계자에 따르면, 2020년 4월 마스크를 착용하고 소아과 환자 및 코로나 사망 관련 증거를 제시할 것을 권고했지만 트럼프 백악관이 이를 거부했다고 한다.

소위원회가 입수한 문건에는 트럼프 정무직 임명자들이 전문 과학자들의 반대에도 불구하고 대통령이 추진 중인 효과적이지 않은 코로나 치료제를 허가하도록 식품의약국(FDA)에 압력을 넣으려 했다는 내용도 담겨 있다.

공화당 소속 워렌 데이비슨 하원의원은 2022년 1월 일련의 트윗에서 정부의 코로나-19 완화 노력을 독일 나치 정권의 정책에 비유해 논란을 일으켰다. 뮤리엘 바우저 워싱턴 D.C. 시장의 백신 및 마스크 의무화에 대한 댓글에서 데이비슨은 그러한 정책을 나치에 비유하며 이를 준수하지 말라고 주장했다. 그는 "나치가 유대인을 분리하기 전에 인간성을 말살시켰고, 투옥하기 전에 분리했고, 노예로 만들기 전에 투옥했으며, 학살하기 전에 노예로 만들었다"라고 덧붙였다. 이에 대해 아우슈비츠 박물관의 공식 트위터 계정은 "세계적 팬데믹 시대에 도덕적·지적으로 부패해서 나타나는 슬픈 증상"이라는 글을 올렸다.

그런데 문제는 데이비슨이 백신과 마스크 의무화에 반대하면서 나치즘 논란을 불러일으킨 첫 공화당 소속 정치인이 아니라는 사실이다. 많은 공화당 의원이 백신을 홍보했지만 다른 많은 의원은 백신이 안전하지 않다며 근거 없는 주장을 계속했다.

백신이 유전정보를 바꾼다?

카이저가족재단(Kaiser Family Foundation)의 조사에 따르면 민주당원의 91퍼센트, 무당파의 68퍼센트가 백신 접종을 한 것에 비해 공화당원의 59퍼센트만 접종한 것으로 나타났다. 루이지애나와 미시시피, 조지아, 아칸소, 앨라배마 등 전통적으로 공화당 지지자가 많은 지역의 백신 접종 완료율은 50퍼센트 내외로 미국 전체 평균(62퍼센트)을 크게 밑돌았다.

공화당 소속 주지사들이나 주 법무부 장관들은 백신 의무화 조처를 시행하려는 연방정부에 대항해 법적 분쟁을 벌였다. 트럼프 전 대통령은 코로나-19 백신 부스터샷을 맞았다고 밝히면서도 "백신 의무화는 포기해야 한다. 사람들은 자유를 가져야 한다"고 강조했다.

2021년 9월 4일 뉴욕시에서 코로나-19 예방접종 의무화에 반대하는 집회가 열렸다.

　〈뉴욕타임스〉는 "백신 거부자는 백신을 맞은 사람에 비해 상대적으로 더 어리고 정치적으로 공화당 성향이며 백인"이라며, "우익 언론이 백신 접종에 반대하고 잘못된 정보를 전달하면서 백신 접종을 만류하고 있다"고 주장했다.[8]

　가짜 뉴스를 이용해서라도 정치적 이익을 얻으려는 사람들은 잠재적인 잘못된 정보에 대한 경고에도 굴하지 않았다. 백신 부작용에 대한 가짜 뉴스에서부터 심지어 마이크로소프트의 창업자 빌 게이츠가 백신으로 세계인의 유전자를 조작해 세계를 지배하려 한다는 황당함을 넘어서는 음모론에 이르기까지 잘못된 정보는 코로나-19와의 싸움에 상당한 장애를 초래했다.

"코로나-19 백신을 배양했더니 배양액에 미확인 생명체가 있었다", "화이자와 모더나와 같은 RNA 백신을 맞으면 접종받은 사람의 유전정보를 바꾼다" 등과 같은 이야기가 온라인에서 확산되었다. 이에 대해 FDA는 "백신의 RNA가 사람의 유전정보를 바꿀 수는 없다"며 "사람의 유전정보는 세포의 핵 안에 DNA 형태로 존재한다. 화이자·모더나와 같은 RNA 백신에 의해 주입된 RNA는 세포핵 밖의 세포질에서 작용한다"고 설명했다.[9]

가짜 뉴스에 대한 대중의 태도

콘텐츠에 대한 경고 표시는 많은 사람이 '가짜 뉴스'를 공유하지 못하도록 하는 효과가 있는 것으로 알려졌다. 그러나 꼭 그렇지만도 않다는 연구 결과도 있다. 듀크대 경영대학원 연구팀은 특정 성격의 사람들은 잘못된 정보를 공유할 가능성이 더 높을 뿐만 아니라 그 정보가 거짓일 수 있다는 경고를 받은 뒤에도 계속 공유하는 것을 단념하지 않는다는 사실을 밝혀냈다.

음모론과 양심

〈실험 심리학 저널Journal of Experimental Psychology: General〉에 실린 이 연구[10]는 자유주의적이고 보수적인 정치 신념을 가진 실험 참가자들이 일정 정도의 잘못된 뉴스를 공유하는 경향이 있다는 것을 보여주고 있다. 그런데 양심성(conscientiousness)에 대해서 낮은 점수를 받은 보수주의자는 진보주의자나 양심적인 보수주의자보다 오해의 소지가 있는 정보를 공유할 가능성이 더 높은 것으로 나타났다.

간단히 말해서, 덜 양심적인 보수주의자가 다른 성향의 사람들에 비해 가짜 뉴스를 공유할 확률이 높다는 것이다. 연구팀은 "양심성은 부지런하고, 믿음직하며, 충실하고, 신중하고, 그들의 충동을 통제하며, 사회적 규범을 따르는 사람의 성향을 가리킨다"고 설명했다.

연구팀은 2018년 이후 일반적으로 보수주의자가 진보주의자보다 잘못된 정보를 믿고 공유할 가능성이 높다는 결론을 내린 12개 이상의 연구를 인용하며 "이 연구의 목표는 더 깊은 이해와 세부적인 분석을 제공하는 것"이라고 말했다. 이 연구는 잘못된 정보를 공유하는 보수주의자가 소셜미디어에서 얼마나 많은 시간을 보냈는지, 또 조작된 이야기를 지지했는지, 심지어 그들이 특정 정치 인물과 그들의 지지를 맞추려고 노력했는지를 보여준다. 연구팀은 "분석 결과 잘못된 정보를 공유한 사람들은 혼란을 조성하려는 욕구에 의해 움직인 것으로 드러났다"고 말했다.

특히 연구팀은 주류 언론에 대한 일반적인 불신에도 불구하고 이와는 아무런 관련이 없다는 사실에 충격을 받았다며 다음과 같이 밝혔다. "현재의 정치 및 사회 제도에 대한 그들의 불만족, 그리고 무정부 상태를 위해 그것들을 무너뜨리려는 열망과 더 관련이 있다.

잘못된 정보를 공유하는 사람은 혼란을 조성하려는 욕구에 의해 움직인다.

불행히도 그들이 공유하고 있는 이야기가 거짓일 수도 있다는 경고를 받더라도 이러한 욕구는 해소되지 않는다. 그래서 미래에 대한 한 가지 중요한 질문은, 이러한 행동을 줄일 수 있는 방법이 있을까 하는 것이다."

메시지보다 메신저

잘못된 정보와 가짜 뉴스가 정치적 도구로 이용되고 정치적 양극화를 초래하는 이유 중에는 대중이 정책에 관한 정보를 받아들일 때 정책의 내용 자체가 아닌 그 출처가 자신의 지지 정당인지 아닌지가 더 중요하기 때문이다. 자신이 좋아하는 정치인이 코로나-19 정책을 지지하면 그것을 지지하는 반면, 지지하지 않는 정당의 정책은 반대하는 경향이 있다.

2022년 1월 〈미국국립과학원 회보Proceedings of the National Academy of Sciences〉에 게재된 콜로라도 볼더대학교의 연구에 따르면,[11] 정치적으로 반대편의 코로나-19 정책을 지지하지 않는 것으로 나타났다. 이 연구에 참가한 리프 반 보벤 심리학 및 신경과학 교수는 "이 연구는 다른 문제와 마찬가지로 코로나-19 확산 대응 정책이 실제로 어떤 내용인지보다 정책이 누구를 대표하고 있는지, 즉 내가 지지하는 정당, '우리 편'의 정책인지 아닌지에 따라 사람들의 태도가 크게 달라진다는 것을 보여준다"고 말했다.

2020년 8월에서 11월 사이에 수행된 연구를 위해 연구팀은 브라질, 이스라엘, 이탈리아, 스웨덴, 한국, 영국, 미국 등지에서 설문조사를 실시했다. 미국에서는 3,300명을 대상으로 두 가지 코로나-19 확산 대응 정책에 대한 의견을 물었다. 하나는 사회적 거리두기 등 더욱 엄격한 제한을 통해 감염자 수를 줄이는 정책, 다른 하나는 코로나-19의 확산 자체보다 재감염 예방과 경제 회복에 초점을 맞추는 정책이었다. 미국에서의 조사뿐만 아니라 다른 국가들에서도 자신이 지지하는 정당의 정책을 지지하는 경향이 뚜렷이 나타났다.

이념에 따른 분별력 차이

그런가 하면 보수·진보 성향에 따른 정치적 진실과 거짓 구별 능력에 차이가 있다는 연구 결과도 있다. 미국 오하이오주립대 연구팀은 우경화된 오보의 과잉으로 인해 보수 진영이 진보 진영보다 정치

적 진실과 거짓을 구별하지 못한다는 연구 결과를 발표했다.[12]

이 연구는 2020년 미국 대통령 선거 이전인 2019년 1월부터 6월까지 온라인으로 참여한 1,204명의 미국 성인을 대상으로 진행되었다. 연구팀은 2주마다 소셜미디어에서 높은 참여를 받은 10개의 진실과 10개의 가짜 정치 뉴스를 찾아 이를 바탕으로 한 20개의 진술에 대해 진실 또는 거짓으로 평가하고 그에 대해 얼마나 자신 있는지 점수를 매기도록 했다.

이 연구에 따르면, 미국의 보수 및 진보주의자 모두 자신의 정치적 견해를 뒷받침하는 주장을 믿는 경향이 있지만, 진실을 거부하면서 거짓을 받아들이는 경향이 보수주의자에서 더 강하게 나타났다. 전반적으로 보수와 진보 모두 사실과 관계없이 자기편에 유리한 것을 더 믿는 경향이 있지만, 공유된 정보가 진실인지 거짓인지 민감하게 반응하고 따져보는 정도는 보수 진영에서 뚜렷하게 낮은 것으로 나타난 것이다. 연구팀은 이러한 현상은 미디어 환경에 따른 결과이며, 보수주의자들이 믿기 원하는 정보가 넘쳐나는 현실을 확인시켜주는 것이라고 지적했다.

인터넷과 음모론 정치

온라인 극단주의자

미국을 비롯해 세계적으로 음모론의 힘이 더욱 강해지고 있다. 음모론은 세계적인 코로나-19 팬데믹 상황에서 공중 보건 시스템에 악영향을 미쳤고, 민주적 절차에 대한 믿음을 흔들었으며, 2020년 미국 대통령 선거 후 2021년 1월 미 국회의사당에 대한 폭력적인 공격을 촉발시키는 데 중요한 역할을 했다.

이러한 음모론은 어제오늘의 문제가 아니다. 음모론은 잘못된 정보들이 오랜 기간 쌓이면서 형성된 위기의 일부라고 할 수 있다. 미국 정치나 한국 정치는 공통적으로 오랫동안 편집증적 경향을 보여왔고, 음모론에 대한 믿음은 새로운 현상이 아니다. 그러나 최근 들어서 소셜미디어를 기반으로 한 황당한 음모론이 거의 주류화하고 있으며, 대통령 등 최고 권력자까지 이를 생산하고 이용한다.

샌디훅 음모론, 위기의 시작

미국의 극우 성향 음모론자 알렉스 존스는 2012년 12월 14일에 발생한 샌디훅 총기 난사 사건이 버락 오바마 행정부에 의해 조작된 것이라는 음모론을 전파하며, 피해자들도 실제로 사망한 것이 아니라 연기자라는 주장을 폈다. 그는 자신의 음모론 추종자들을 대상으로 인터넷을 통해 각종 상품을 판매하기도 했다. 끔찍한 사건으로 자녀를 잃은 부모들은 존스를 상대로 소송을 제기했고, 법원은 존스의 배상 책임을 인정했다.[1]

어맨다 크로퍼드는 샌디훅 초등학교 총기 난사 사건을 현대 소셜미디어 시대의 첫 번째 주요 음모론이라고 생각하며, 이를 둘러싼 잘못된 정보와 음모론의 폐해를 연구했다.[2] 그는 이 사건은 어떻게 비주류적인 음모론이 소셜미디어를 통해 주류가 되고, 다양한 기득권층의 지지를 얻을 수 있는지 보여주는 사례라고 지적했다.

잘못된 정보를 퍼뜨리는 소셜미디어의 역할은 최근 몇 년 동안 급속히 발전했는데, 샌디훅 총기 난사 사건이 발생한 2012년은 미국 성인의 절반 이상이 소셜미디어를 사용한 첫 해였다. 지금까지 다른 음모론들도 소셜미디어에서 비슷한 경로를 따라오고 있다. 주류 언론에조차 "민주당 고위층은 사탄을 숭배하는 소아성애자 조직의 일부"라는 극우 음모론 단체 큐어넌(QAnon)의 주장이 넘쳐난다. 마조리 테일러 그린 미 하원의원도 샌디훅과 다른 총기 난사 사건의 진상을 공개적으로 부인하기도 했다.

그러나 크로퍼드는 2012년 당시 소셜미디어에만 한정되었던 기괴한 음모론이 주류 언론으로까지 확산된 것은 앞으로 일어날 일에 대한 암시였을 뿐이라고 말한다. 그에 따르면, 샌디훅 총기 난사 사건에 관한 음모론은 잘못된 정보의 유산이며 이는 앞으로 미국을 괴롭힐 위기의 시작이라는 것이다.

인터넷 등 온라인상에서 극단주의적 콘텐츠를 찾는 것은 이제 아주 쉬운 일이 되었으며, 다양한 웹 플랫폼에서 누구나 찾을 수 있다. 메신저 포럼, 소셜네트워킹 플랫폼, 스트리밍 서비스, 텔레그램 등 암호화된 커뮤니케이션 애플리케이션을 통해 다양한 음모론의 생산자와 그에 대한 맹신자들이 네트워크를 구축한다.

언론의 자유로 포장

이 네트워크들은 새로운 지지자를 모아 선전과 훈련을 통해 급진화시키고 그들의 행동을 조종한다.[3] 극우 단체는 페이스북, 트위터, 틱톡 등 주요 소셜미디어 플랫폼과 기존 주류 플랫폼의 모양과 느낌을 모방한 새로운 대안 플랫폼을 이용하기도 한다. 극단주의자들이 급진적 담론을 형성하고 확산하기 위해 특별히 설계한 플랫폼도 있고, 자유주의적 또는 상업 지향적인 의도에서 '언론의 자유'라는 명목으로 극단적인 내용을 조장하는 플랫폼도 있다.

이러한 움직임으로 인해 인터넷 생태계는 더욱 역동적으로 변화하고 있다. 극단주의자들은 새로운 기술, 웹사이트 및 가상 도구의 출현에 적응해가는 것으로 확인되었다.[4] 그러나 새로운 플랫폼을 식민지화하려는 그들의 시도는 때때로 대중, 광고주 또는 인터넷 업계의 시장 압력에 따른 온라인 공간의 자정 노력에 가로막히기도 한다. 이러한 변화는 극단주의적 활동에 대한 반응일 수도 있고 온라인 공간을 형성하는 다른 외부 요인에 의해 주도될 수도 있다. 플랫폼에서 극단적인 이용자의 계정 정지, 서버에서 극단주의적 커뮤니티의 활동 제한 등이 여기에 포함된다.

2000년대 중반에 소셜미디어가 출현한 이후, 초기에는 소셜미디어 네트워크의 느슨한 정책을 이용해 소수 극단주의자가 다양하고 새로운 커뮤니티와 연결되면서 소셜미디어를 자기 마음대로 할 수 있는 공간이라고 생각하게 되었다. 이후 집단 괴롭힘 같은 소셜미디어 이용자의 부정적 행동이 사회문제가 되어 일부 기술기업은 2010년대 중반부터 자체적인 관리 정책을 도입·시행하기 시작했다.

기술기업에 의한 콘텐츠 관리는 일반적으로 불안정하고 일관성이 부족하다는 평가를 받았다. 또한 이러한 관리 활동이 자리를 잡아감과 동시에 기존 플랫폼의 대안으로 새로운 플랫폼의 출현이 본격화되었다. 그때부터 극소수의 극단주의적 이용자는 더욱 폭력적인 공격을 하거나 조직화하기 시작했다. 그리고 2020년경부터 극단주의자들은 소셜미디어를 활용해 오프라인에서까지 많은 지지자를 동원했다.

2020년 미국 대통령 선거

2020년 미국에서는 경찰에 의한 흑인 사망 사건, 대통령 선거 부정 논란 등으로 지속적인 대규모 시위 운동이 일어났고, 그 대부분은 소셜미디어 사이트에서 조직되었다. 경찰의 잔혹 행위와 불평등한 치안 유지에 항의하는 전국적인 시위와 같은 일부 행동은 상당한 재산 피해를 가져왔지만 대체로 평화적이었다.

이에 비해 2020년 4월에 시작된 정부의 코로나-19 확산 방지를 위한 조치와 주정부 폐쇄에 대한 투쟁을 포함한 일부 시위 등은 의도적이고 주기적인 폭력 행위로 인정되었다.[5] 2020년 4월 미시간주, 2020년 8월 아이다호주, 2020년 12월 오리건주에서 무장 시위대가 주 의회 건물에 난입했다. 일부 온라인 또는 인터넷 단체와 활동가들은 코로나-19 제한에 반대하거나 "흑인 생명도 소중하다(Black Lives Matter)"와 같이 인종차별에 반대하는 활동을 지휘했다.

가장 주목할 만한 사건은 2021년 1월 6일, 2020년 11월 대통령 선거 결과에 반대하는 시위가 미국 국회의사당에 대한 물리적 공격으로 절정을 이룬 것이었다. 대통령 선거와 관련한 수많은 음모론과 가짜 뉴스를 근거로 "도둑질을 멈춰라(Stop the Steal)" 집회 기간에 국회의사당을 습격하려는 계획은 소셜네트워크, 메시지 애플리케이션, 텔레그램 등을 포함한 포럼을 통해 확산되었다.

이에 대해 페이스북은 폭동 후 며칠 동안 잘못된 정보를 퍼뜨리는 그룹과 사용자를 규제하는 규칙을 만들었고, 트위터는 큐어넌 같은 집단적 망상과 관련한 계정을 정지하기 시작했다. 두 플랫폼 모두 폭력을 선동했다는 이유로 도널드 트럼프 전 대통령의 계정을 정지시켰다. 또한 잘 알려지지 않은 익명성 위주의 소형 소셜미디어 플랫폼들은 기반 네트워크에서 퇴출당했다.

많은 플랫폼이 백인우월주의자 및 기타 극단주의 콘텐츠가 사이트에서 공유되는 것을 방해하거나 배제하기 위해 노력하고 있다. 하지만 불규칙한 정책 시행과 대안적 기술을 이용한 플랫폼 등으로 인해 이러한 움직임은 온라인에서 별다른 실효를 거두지 못하고 있다.

팔러(Parler)*가 차단되자 또 다른 플랫폼으로 이용자가 대거 이동했듯이, 한 플랫폼을 이용하지 못하게 되면 다른 곳으로 몰려가는 움직임이 이어졌다. 이에 주요 소셜미디어라고 할 수 있는 텔레그램도 일부 백인우월주의자 그룹의 이용을 차단하기 위해 노력했다.[6]

그러나 미 국회의사당 습격 이후 그러한 노력은 큰 효과를 얻지 못한 것으로 보인다. 지금도 여전히 의사당 습격 세력에서 나온 콘텐츠를 쉽게 찾을 수 있다. 백인우월주의자 그룹이 예전에 팔러에서 활동하던 이용자들의 재규합에 나선 것으로 알려졌다. 신나치주의를 수용하고 있는 큐어넌 커뮤니티 중 일부는 2021년 1월 이후 여기

---

*미국의 극우 보수층이 주로 이용하는 소셜미디어이다. 2021년 1월 미 국회의사당 점거 난동 사태 당시 이를 선동하는 게시물을 공유하고 폭동을 조직화했다는 이유로 애플, 구글 등 앱 마켓에서 차단된 바 있다. 팔러는 페이스북, 트위터 등과 경쟁하는 '표현의 자유'를 보장한다고 주장하며 상대적으로 느슨한 콘텐츠 관리 정책을 유지한다.

저기 활동 무대를 옮겨 다니고 있다.

정부 차원의 대응 전략

2021년 1월 6일 폭동의 여파로 조 바이든 행정부는 온라인 극단주의 활동에 대응하기 위해 새로운 계획을 내놓았다. 2021년 5월 7일, 미국은 테러리스트와 폭력적인 극단주의 콘텐츠를 제거하기 위한 '온라인 테러리스트 및 극단주의 콘텐츠 제거를 위한 크라이스트처치 행동 촉구(Christchurch Call to Action to Eliminate Terrorist and Violent Extremist Content Online)' 운동에 동참해 회원국 정부, 국제 조직 및 민간 기술기업들과 연합해 싸우겠다고 약속했다.[7]

크라이스트처치 행동 촉구는 "테러리즘과 폭력적인 극단주의를 조직하고 홍보하기 위해 소셜미디어를 사용하는 능력을 끝내기 위한 시도로 여러 국가와 기술기업이 힘을 모아…… 인종적 또는 민족적 동기에 의한 폭력적 극단주의를 포함한 (모든) 폭력적 극단주의에 대항하는 것이 우선적인 과제"라고 밝혔다.[8]

백악관은 소셜미디어 기업과의 정보 공유를 늘리고 자금 지원 등을 실시하기 위한 계획을 발표했다. 여기에는 디지털 사용 능력을 촉진하고 온라인에서의 허위 정보와 오해 확산에 대한 이용자의 복원 능력을 강화한다는 계획도 포함되었다. 연방 당국은 또한 극단주의자들의 온라인 채팅에 대한 감시와 분석을 위해 비영리단체, 과학계, 대학 및 기술회사 등과의 파트너십을 모색하고 있는 것으로 알

려졌다.[9]

문제는 기술기업들이 콘텐츠 관리 정책을 강화하려고 해도 인터넷의 규모, 새로운 플랫폼의 성장 속도, 극단주의 단체의 빠른 적응 능력 등등 관리의 범위에서 벗어나는 부분이 있을 수밖에 없다는 점이다. 이러한 이유로 온라인에 유포되는 허위 정보 및 기타 악성 콘텐츠에 대한 복원 능력을 개발하고 이러한 콘텐츠에 대한 사회적 수요를 줄이도록 하는 것이 중요하다. 또한 오늘날의 디지털 시대에는 인터넷 기반 통신 플랫폼의 필수적인 측면을 활용하면서 국내 테러리스트와 악의 있는 행위자들이 의도적으로 온라인에 유포하는 다른 유해 콘텐츠에 대한 취약성을 피할 수 있는 대중의 능력이 필요하다.[10]

그러나 극단주의 생태계의 역동성으로 인해 일반 인터넷 이용자는 극단주의 콘텐츠에 노출되는 것이 얼마나 위험한지 그리고 자신이 선택한 플랫폼이 어떠한 정보를 제공하는지 평가하고 판단하는 것이 어렵다. 잘못된 정보와 음모론의 확산에 관한 연구는 많은 사람이 온라인에서 진실, 거짓 그리고 오해를 불러일으키는 내용을 구별하기가 어렵고, 따라서 의도하지 않게 선동적 또는 선전적인 자료를 공유하기 쉽다는 사실을 인정한다.

자신도 모르게 가담

행동과학자인 데이비드 랜드와 고든 페니쿡은 "이러한 문제는 사람들이 빠르게 화면을 스크롤하고, 정보의 홍수에 정신이 팔린 채 감정적으로 매력적인 콘텐츠가 섞인 뉴스를 접하는 소셜미디어에서 악화될 가능성이 높다"고 지적했다.[11]

인터넷 이용자는 급진주의자가 세력을 키우기 위한 선전이나 조작적 콘텐츠에 자신도 모르게 관여하고 있다는 사실을 인식하지 못할 수 있다. 일부 웹사이트는 극단적이고 혐오적인 발언을 공공연히 드러내기도 한다. 이러한 활동은 다양한 목소리가 표출되는 온라인 플랫폼에서는 더욱 미묘한 표현 방식으로 눈속임을 하는 경우가 많다.

실제로 몇몇 극단주의자는 자신의 정치적 목적을 감추고 이용자의 신뢰를 얻기 위해 의도적으로 웹사이트의 소유권이나 디지털 콘텐츠의 저작권을 숨기려 한다. 미디어 학자인 애덤 클라인이 지적한 바와 같이, 검색 엔진과 소셜네트워크가 사용자에게 악성 정보를 제공하는 방식에 따라 이 문제는 더욱 복잡해진다. 교육, 정치, 과학, 심지어 영적인 것으로 보이도록 설계된 위험하고 오해의 소지가 있는 정보 그리고 검색 엔진, URL* 공유 기능 및 주류와 극단주의 웹사이트를 연결하는 기타 인터넷 기반 도구의 정보 고속도로 덕분에 극단주의적 정보는 몇 번의 클릭만으로도 쉽게 접근할 수 있다.[12]

---

* Uniform Resource Locator의 약자로, 인터넷상의 파일 위치를 나타내는 주소이다.

소셜미디어와 코로나-19 음모론

소셜미디어는 코로나-19 팬데믹 절정기에 잘못된 정보를 퍼뜨리는 역할과 사실 확인을 위한 역할 두 가지를 모두 담당했다. 글로벌 위기 동안 개인이 접하는 정보를 어떻게 인식하고 이해하는지 분석한 연구에 따르면, 소셜미디어는 코로나-19 팬데믹 절정기에 잘못된 정보를 퍼뜨리고 사실 확인을 위해 모두 사용되었다.

병 주고 약 주는 SNS

영국 노팅엄트렌트대학교의 심리학자들은 18세에서 56세 사이의 사람들을 대상으로 가짜로 의심되는 뉴스에 대해 어떻게 상호작용하는지 이해하기 위해 전화 인터뷰 조사를 실시했다.[13] 조사 결과, 응답자 중 49퍼센트가 소셜미디어를 이용해 코로나-19에 대한 뉴스와 정보에 접근했으며, 46퍼센트는 팬데믹과 관련된 거짓 또는 오해의 소지가 있는 정보를 보았다고 답했다.

이 연구의 참가자들은 팬데믹 초기 몇 주 동안 감당하기 어려울 만큼 많은 정보, 정부 당국과 언론에서 제공하는 복잡한 정보로 어려움을 겪었다. 그래서 그들은 간편하게 이용할 수 있는 소셜미디어 뉴스 피드로 눈을 돌렸다. 하지만 그들은 여전히 다양한 소스를 통해 뉴스 기사의 신뢰도를 대조하여 점검하는 방식을 선택했다. 여기에는 매일 이루어지는 영국 정부의 브리핑을 비롯해 세계보건기구,

다른 사람들과 사회적 관계를 형성하기 위해 사용하는 온라인 플랫폼 소셜 네트워킹 서비스(sns)에는 온갖 정보들이 넘쳐난다.

전통적인 인쇄 및 방송 매체, 명성 있는 단체의 소셜미디어 채널 등이 포함되었다. 그들은 또한 의료진, 환자, 간호사 등 전문가 네트워크의 **오피니언 리더**(opinion leader)*에게도 의존했다.

　많은 사람은 소셜미디어의 정보에만 의존하지 않고, 소셜미디어의 잘못된 정보를 걸러내려고 노력했다. 그들은 잘못된 정보와 편향된 여론이 넘쳐나는 것으로 보이는 소셜미디어 채널을 피하겠다는 입장을 드러냈다. 그러나 일부 응답자들은 잘못된 정보의 확산에 관여하는 것을 원하지 않았음에도 정보에 문제가 없는지 평가하기 전

*특정 집단의 여론을 주도하며, 다른 구성원들이 원하는 정보를 제공하는 사람. 일반적으로 사회적인 영향력이 있는 정치인, 경제인, 문화예술인 등을 가리킨다.

에 해당 콘텐츠를 공유한 사실이 있다고 밝혔다.

정보에 문제가 없는지 확인하지 않고 공유하는 이유는 다양하다. 해당 정보가 새로운 지식과 판단력을 제공할 것이라는 판단이나 긍정적인 영향을 미칠 것이라는 평가에 따라 공유한다. 또는 단순히 재미를 위해 정확성 여부의 확인 없이 소셜미디어 정보를 공유하기도 한다. 그런가 하면 정치적 견해 또한 이러한 행동에 영향을 미친다.

소셜미디어는 음모론을 포함해 사실과 다른 정보를 전 세계 통신망에서 공유하기 쉽게 만들었다. 음모론은 진실을 외면하려는 태도나 사실에 대한 믿음의 감소 등에 따라 만들어지며, 믿을 수 있는 정보의 자리를 그렇지 못한 정보가 대신하게 한다.

'맹신'이라는 불치병

음모론자는 자신의 견해를 강화하기 위해 의지하고 지지하는 전문가를 활용한다. 그런데 이러한 전문가에 대한 의존은 보편적으로 인정받는 전문가들에 의한 공식적인 정보의 영향력을 약화할 수 있다.

한 연구에 따르면, 소셜미디어 정보에 대한 신뢰가 강한 사람들이 중요한 사건을 왜곡해 설명하는 음모론을 더 잘 믿는 것으로 나타났는데, 코로나-19에 대한 새로운 음모론뿐만 아니라 오래된 음모론에 대한 믿음에서도 비슷한 경향이 나타났다.[14]

760명의 참가자를 조사한 이 연구에서 미국 민주당과 공화당 지지자 그리고 남성과 여성의 63.1퍼센트가 페이스북을, 47.3퍼센트가 매일 트위터를 사용했다. 이들에게 소셜미디어 뉴스 사용 수준과 신뢰, 그리고 잘못된 정보를 식별하는 능력과 관련된 다양한 질문과 함께 바이러스가 외국에 의해 개발된 생물학적 전쟁의 무기라는 믿음과 같은 몇 가지 코로나-19 음모론의 진실성을 평가하는 것으로 진행되었다.

연구 결과, 약간의 미디어 이해력 또는 미디어 분별 능력(media literacy)이 있어 잘못된 정보를 식별할 수 있더라도 소셜미디어에서 찾은 정보를 맹목적으로 믿는다면 그런 능력은 도움이 되지 않는 것으로 나타났다. 즉 미디어의 잘못된 정보 식별 능력이 음모론에 대한 믿음을 낮추지만, 일단 음모론에 대한 믿음이 자리 잡으면 그것이 거짓이라는 사실을 인정하기가 매우 어렵다는 것을 확인했다. 또한 잘못된 정보를 파악하는 것은 미디어 분별 능력의 한 부분일 뿐이므로 미디어의 정보를 분별하는 교육은 소셜미디어 환경, 뉴스 제작과 보급뿐만 아니라 정보가 어떻게 조작될 수 있는지를 더 잘 이해하도록 하는 부분이 포함되어야 한다고 강조했다. 이용자에게 이런 교육이 이루어져야 음모론에 넘어가지 않는 소셜미디어 활용이 가능하다는 것이다.

불안감·무력감이 부채질하는 음모론

일부에서 주장하는 마스크나 사회적 거리두기 및 자가격리 등의 거부는 소셜미디어에서 유행하는 허위 정보나 음모론에서 비롯된 경우가 많은 것으로 나타났다. 코로나바이러스 팬데믹과 함께 확산한 음모론 등을 새롭게 조명한 미국 델라웨어대학교의 연구는 사람들이 위기 또는 심각한 결과를 초래하는 대규모 사건에 직면했을 때뿐만 아니라 불안하고 무기력하여 결과를 통제할 수 없을 때 음모론을 더 많이 믿는다고 밝혔다.[15]

특히 연구팀은 코로나바이러스와 같은 감염병의 대유행은 개인이 안전하고 상황이 통제되고 있다는 믿음을 되찾으려는 과정에서 음모론에 눈을 돌리는 중요한 계기가 되었다고 지적했다. 잘못된 정보가 영향력을 발휘할수록 지역사회의 감염병 통제는 더욱 어려워지고, 그 결과는 사회 전반에 걸쳐 광범위하게 나타날 수 있다는 것이다.

또 다른 연구에서는 설문 조사 참가자의 3분의 1이 코로나-19와 관련된 하나 이상의 음모론을 믿었고, 이러한 음모론에 대한 믿음은 공공 정책에 대한 지지를 약화할 수 있는 것으로 나타났다.[16] 실제로 음모론을 믿는 조사 참가자들은 바이러스의 확산을 늦추기 위해 정책적으로 시행하는 백신을 접종할 가능성이 낮았으며, 공중 보건 전문가들을 덜 신뢰하는 것으로 조사되었다. 그러나 음모론을 믿는 사람들은 의사에게 얻는 정보를 믿는 경향이 있으므로 의사들이 잘못된 정보와 싸우는 데 주도적인 역할을 해야 한다고 지적했다.

음모론의 주산지는 어디인가

소셜미디어를 통한 음모론의 확산이 모든 국가에서 비슷한 수준으로 이루어지는 것은 아니다. 2020년 1월부터 2021년 3월까지 138개국에서 발생한 코로나-19 관련 데이터 9,657건[17]을 분석한 연구에 따르면, 인도는 코로나-19 관련 잘못된 전 세계 정보 생산량의 약 6분의 1을 차지했고, 미국·브라질·스페인이 인도의 뒤를 바짝 뒤쫓고 있다.[18]

다시 말해서 코로나바이러스가 인체에 자기장을 발생시킨다는 이야기와 레몬주스로 바이러스를 죽일 수 있다는 주장을 포함해 전체 코로나-19 오보의 약 16퍼센트가 인도에서 만들어졌다. 미국이 10퍼센트, 브라질이 9퍼센트, 스페인이 8퍼센트로 그 뒤를 이었다. 캐나다는 1퍼센트 미만으로 26위였다.

이에 대해 연구팀은 미국이 인도와 비슷한 수준이라는 점에 놀랐다고 밝혔다. 미국은 인도와 비교해 통신 기술과 교육률, 그리고 미디어 이해력 수준이 더 높은 것으로 알려졌지만 이러한 결과 나왔기 때문이다.

문제는 조사 대상 대부분의 국가에서 잘못된 정보가 널리 퍼질 만큼 코로나-19에 따른 치사율이 높았다는 점이다. 브라질, 스페인, 프랑스, 튀르키예, 콜롬비아, 아르헨티나, 이탈리아, 멕시코 등과 함

코로나-19 예방접종 반대 시위자 : 노란색 포스터에 "코로나-19 사망자의 60퍼센트는 찔린 사람들"이라고 쓰여 있다.

께 인도와 미국 모두 코로나-19의 잘못된 정보와 사망률 사이에 상관관계가 있었다. 감염 전이나 감염 확산 중에 잘못된 정보가 급증했으며 동시에 사망률이 급증했다. 2020년 3월 이후 인도, 미국, 브라질, 스페인 등은 코로나-19의 잘못된 정보와 함께 코로나-19 사망 사례가 점차 증가했다.

소셜미디어는 전체 오보 생산량의 85퍼센트로 가장 많은 양의 코로나-19 오보를 생산했는데, 페이스북은 전체 소셜미디어 플랫폼이 만들어낸 잘못된 정보의 67퍼센트를 차지했다. 또한 인터넷에서 생산된 오보가 90퍼센트 이상을 차지했으며, 주류 언론은 3퍼센트를 조금 넘는 오보로 가장 낮은 비중을 차지했다.

연구팀은 인도가 소셜미디어 오보를 가장 많이 생산한 것은 아마도 인도의 높은 인터넷 보급률, 소셜미디어 소비 증가, 사용자의 인터넷 사용 능력 부족 때문으로 보인다고 설명했다.

음모론 추적 인공지능

이처럼 소셜미디어는 세계적으로 음모론의 핵심 확산 경로로 자리 잡았다. 미국 로스앨러모스 국립연구소의 연구팀은 공공 보건 관리자들의 잘못된 정보 대응을 위해 소셜미디어에서 코로나-19 음모론의 진화를 추적하는 연구를 시도했다.[19] 연구팀은 소셜미디어의 허위 정보와 관련된 많은 머신러닝 연구가 음모론의 식별에 초점을 맞춘 것과 달리 이 연구는 허위 정보가 확산하면서 어떻게 변화하는지 이해하는 것이 목적이라고 밝혔다.

로스앨러모스의 정보 시스템 및 모델링 그룹은 '코로나-19'라는 키워드를 포함하거나 건강과 관련된 트위터 계정의 180만여 개 데이터를 추려내 '무선 인터넷용 5G 셀타워가 바이러스를 퍼뜨린다', '빌 앤드 멜린다 게이츠 재단이 코로나-19와 관련된 악의적 의도를 가지고 있다', '바이러스는 실험실에 만든 것이다', '개발 중인 코로나-19 백신은 위험하다' 등 네 가지 음모론의 주제를 특성화해 분석한 후 이와 일치하는 부분집합을 식별하고, 각 음모론 범주에서 수백 개의 트윗을 구분해 머신러닝을 위한 훈련 세트를 구성했다.

분석 결과, 허위 정보 트윗이 사실 트윗과 비교할 때 부정적인 감정을 더 많이 포함하고 있었으며 음모론이 시간이 지남에 따라 진화해 실제 사건뿐만 아니라 관련 없는 세부적인 정보들이 음모론에 합쳐진다는 것을 확인했다. 연구팀은 공중 보건당국은 음모론이 시간이 지남에 따라 어떻게 진화하고 설득력을 얻고 있는지 아는 것이 중요하며, 이를 통해 음모론이 실제 사건과 연결되는 것에 전략적으로 대응해야 한다고 지적했다. 즉 사람들은 처음 접하는 메시지를 믿는 경향이 있으므로 보건당국은 언제 어떤 음모론이 소셜미디어에서 주목받는지 감시하고 허위사실유포에 대한 예방 차원에서 사전 홍보 캠페인을 실시해야 한다는 것이다.

음모론자와 인플루언서

소셜미디어는 코로나-19 백신 접종을 주저하는 사람에게만 중요한 메시지를 전달할 수 있고, 또 그 사람은 백신 접종에 반대하는 소셜미디어 채널을 통해 그러한 메시지를 전달할 수 있다. 마찬가지로 종교인, 정치인 또는 온건한 견해를 가진 정치인도 음모론을 통해 자신의 지지 그룹에 영향을 미칠 수 있다.

인플루언서 마케팅

상업용 마케팅 프로그램에서 소셜미디어 '인플루언서(influencer,

또는 브랜드 홍보대사)'를 동원할 때도 비슷한 접근방식을 이용한다. 이 방법은 소셜미디어에서 상업용 브랜드의 장점을 자신의 이용자에게 신뢰할 수 있게 전달할 수 있다. 이러한 접근법은 사람들이 대중 커뮤니케이션보다 사회집단의 영향을 더 많이 받는다는 연구로 뒷받침된다.[20]

두려움은 백신 접종 반대 그룹의 행동에 중요한 동기를 부여한다고 볼 수 있다. 백신 접종 반대론자에게 두려움은 백신의 안전에 대한 우려에서 비롯된다. 백신 접종을 주저하는 사람들에게 백신의 안전성 문제를 제기하고, 백신 접종 없이 같은 효과를 기대할 수 있다는 주장을 계속해서 소개함으로써 그들의 우려를 더욱 강화하는 효과를 얻는다. 이처럼 백신에 대한 두려움을 확산시키는 이들은 나중에 자신의 주장이 사실과 다르다는 것이 밝혀져도 대부분 행동을 멈추지 않는다. 허위 정보를 퍼뜨린 것에 대한 책임을 모면하려는 노력에 집중하며, 또 다른 정보로 대중의 두려움을 자극하는 시도를 이어간다.

백신 접종을 반대하는 음모론 커뮤니티는 일반적인 음모론 커뮤니티에 비해 메시지가 명확한 편이다. 자신들의 생각과 다른 사람, 즉 백신 접종자 중 상당수도 백신에 두려움을 가지고 있다는 점에서 다른 음모론에 비해 적극적인 태도를 보인다. 그래서 자신들의 주장에 강하게 동의하는 집단뿐만 아니라 동의에 주저하는 집단에 대해 더욱 적극적인 공세를 취한다. 실제로 백신 접종자들도 백신에 대한 불신, 두려움, 접종 후 증상에 대한 분노, 좌절 등과 같은 부정적 감정을 많이 표출하는 것으로 조사되었다.[21] 특히 백신 접종자들은 백신의 안전성에 대해 우려했다.

두려움을 먼저 자극

백신 반대 그룹의 구성원들은 부모, 가족, 친지 그리고 의사들로 그들의 이야기를 채운다. "우리 엄마가 백신 접종 후 엄청난 후유증을 겪었다"는 식으로 백신에 대한 두려움부터 들게 한 후 본격적으로 백신과 코로나에 관한 음모론을 늘어놓는다.

"백신은 사실상 유전자 치료제, 즉 박쥐 코로나바이러스의 기능성 향상 연구 과정에서 만들어진 부산물이다," "사망자를 포함한 코로나 관련 통계가 부풀려졌다," "마스크는 저산소증, 과호흡증 및 기타 원인 등의 여러 위험을 일으켰다," "하이드록시 클로로퀸과 이버멕틴을 포함한 효과적인 코로나 치료제가 억제되어 살릴 수 있었던 많은 환자를 잃음으로써 기록적인 사망률을 자초했다," "유전자 조작 바이러스의 감염률 및 사망률을 인위적으로 부풀린 통계수치를 구실로 세계 각국의 봉쇄조치가 내려졌다," "백신은 자폐증, 암 또는 주의력 결핍 과잉행동 장애와 관련이 있다," "백신은 인간의 유전자를 조작해 전 세계인에 대한 거대 권력의 완전한 통제가 가능하게 하려는 음모다" 등등……

그리고 이 과정에서 자신들의 음모론을 뒷받침하기 위해 백신에

2021년 6월 핀란드의 코로나-19 집단 예방접종 대기 행렬이 길게 이어졌다.

반대하는 극소수 의료진의 주장을 확대 재생산한다. 그러나 코로나-19 음모론자들의 주장에 반대하는 그룹의 목소리는 별로 나타나지 않는다. 실제 팬데믹이 벌어지고 있고 이에 대한 우려와 관심으로 인해 음모론자들의 주장에 관심이 덜 가기 때문일 수 있다. 또한 코로나-19 음모론 집단의 주장이 사회적으로 직접적인 위해를 가하지 않기 때문에 이를 반대하고 나설 동기가 약하다는 이유도 있다.

코로나-19 음모론자들은 바이러스의 기원에 대해 의혹을 제기하기 시작했고, 주류 언론 등의 정보에 불신을 나타냈다. "2020년 미국 대통령 선거는 중국 공산당 또는 이른바 '딥스테이트'에 의한 총체적 부정선거였다"고 주장하는 이들과 거의 겹치는 부분이다. 그들은 주류 언론의 보도는 모두 거짓이라며, 근거를 찾기 어려운 몇몇 극우 매체의 '아니면 말고' 식의 보도를 맹신하고 소셜미디어를 통해 이를 공유한다.

특히 코로나-19 음모론자들이 바이러스의 확산, 증상 또는 예방 조치가 아닌 바이러스의 기원에 초점을 맞추는 것은 보수 세력의 반중(反中) 정서를 최대한 이용하려는 목적 때문이다. 이를 위해 '인공', '중국의 생물무기', '딥스테이트의 산물', '5G 네트워크에 의한 방사선 질환' 등의 용어를 동원한다. 그런데 음모론자들의 언어에는 명확성이 없다. 불확실성 언어, 즉 "확실하지는 않지만" 또는 "아마도 그럴 것이다"와 같이 '빠져나갈 구멍'을 만들어놓는다.

빠져나갈 구멍부터 준비

음모론자들은 권위를 불신하고 언론과 정보원이 그들에게 거짓말을 하고 있다고 믿는다. 그들이 다양한 사람을 비난한다는 것은 코로나-19의 기원부터 백신·치료제에 이르기까지 광범위한 주제에 사회적 합의가 이루어지지 못하고 있다는 사실을 보여준다. 언론을 신뢰하지 않는 음모론자들은 다른 정보원을 찾고 발견된 정보를 공유할 때 "누구에 따르면", "아무개 박사의 논문에서" 등과 같이 주로 인용하는 식의 표현을 쓴다.

미국 대통령 선거 음모론부터 코로나-19 음모론 확산에 앞장섰던 한국의 한 정치인은 페이스북 소개글을 이렇게 올려놓았다. "포스팅을 공유하거나 좋아요를 누른다고 그 포스팅 내용을 책임지겠다는 게 아닙니다. 기자 분들은 특히 유념해주기 바랍니다. 좋아요는 좋다는 얘기고 공유는 함께 보자는 말일 뿐입니다." 소셜미디어를 정치적 이익을 위해 이용하려는 사람들의 무책임한 특성을 그대로 드러내는 대표적 사례라고 할 수 있다.

전반적으로, 코로나-19 음모론 그룹의 주요 특징은 구성원들이 감염병과 백신의 악의적인 의도에 가장 관심이 있고 정보 소스를 공유하면서 주류 언론 보도를 불신한다는 것이다. 이 그룹을 중심으로 여러 출처의 정보가 공유되고 있으며, 소수의 비판자만 이에 대해 언급하고 있다. 이 그룹은 정부의 방역 조치나 백신 접종 효과 등 긍정적인 정보는 회피한다. 그 대신 사회적 거리두기, 마스크 착용 의무화 등에 따른 피해만 적극 부각시킨다.

앞서 언급했던 한국의 정치인은 소셜미디어를 이용해 미국 대선 부정선거론부터 코로나-19 음모론 확산에 앞장서며 "백신 반대", "코로나는 단순 감기"라는 주장을 펼쳤다. 그러던 중 자신이 코로나-19에 감염되어 중증 폐렴으로 발전해 중환자실에서 생사를 오가는 경험까지 했다. 이후 그는 그동안 했던 주장을 전혀 언급하지 않았고, 소셜미디어에서 관련 글만 삭제했다.

권위에 대한 불신을 위해 권위 동원

이제 음모론에 대한 믿음은 일반적인 현상이 되었다. 미국 성인의

4분의 1 이상이 하나 이상의 음모론을 믿는다고 한다. 소셜미디어의 음모론 콘텐츠도 이제 일반적이다. 음모론자들은 또한 자신의 주장이 틀렸다는 것을 보여주는 정보를 접할 기회가 줄어들면서 소셜미디어 기반의 에코 체임버로 더 깊이 파고들었다. 이러한 에코 체임버로 관점의 양극화가 심화되고, 에코 체임버 안에서 분리된 정보들은 인터넷상에서 다시 확산하며 영향을 미친다.

백신 반대 소셜미디어의 콘텐츠를 분석한 것에 따르면,[22] 백신 반대자와 백신 접종자는 서로를 비난하며 맞서고 있다. 이러한 행동은 서로에 대해 분노와 두려움에 찬 반응을 초래한다. 특히 음모론자들에 대한 적대적 반응은 그들의 주장을 더욱 자극한다. 예를 들어, 가장 극단적인 음모론자일수록 조롱하고 놀리는 식의 비난을 받으며 근거 없는 소문에 더욱 집중하게 되는 것으로 나타났다. 설득 캠페인의 이러한 부정적이고 의도하지 않은 영향은 드물지 않다.[23]

모든 음모론 집단의 공통점은 전통적인 권위 또는 권위자에 대한 불신이다. 그러나 자신의 주장을 위해 권위 또는 권위자를 내세운다. 백신 반대론자는 의료당국에 대한 불신을 나타내면서도 자신과 견해를 같이하는 의료인이나 유명인의 의견을 높이 평가한다. 코로나-19 음모론자들은 권위자와 주류 언론 뉴스를 불신하지만, 여전히 자신들의 주장을 뒷받침하는 권위자와 비주류 언론 뉴스를 강조한다. 이는 음모론자들에게 대응하기 위해 권위자를 이용하는 것이 쉽지 않은 일이며 신중해야 한다는 점을 시사한다.

다양한 음모론자 커뮤니티들은 자신들의 견해를 주장하고 그 활동에 동기를 부여하는 데 도움이 되는 그들만의 공격 포인트가 있다. 백신 반대론자는 백신의 안전성에 초점을 맞춘다. 이 그룹의 구성원은 백신의 안전성과 백신 안전성 테스트의 정확성과 정당성에 대한 우려를 강조하면서 공공 안전 전반과 특히 어린이에 대한 광범위한 우려로 확산시킨다. 백신 안전에 대해 이처럼 사회적 위험을 강조하는 행동은 그들의 음모론이 공중 보건에는 위협이 되지 않는 것처럼 꾸미기 위한 것이다.

코로나-19 음모론의 허구성

코로나-19 바이러스와 백신 등에 관련한 수많은 음모론은 하나하나 사례들 들고 과학적으로 검증해야 할 필요가 있을까? 굳이 그럴 필요도 없다. 감염병 초기 확산 당시부터 백신과 치료제 개발 등 대응을 위한 미국 정부와 학계·기업의 노력 중 일부만 살펴봐도 음모론이 처음부터 성립 불가능하다는 사실을 확인할 수 있다.

음모론자들은 빌 게이츠나 보이지 않는 딥스테이트, 중국 공산당 등이 세계 정부들과 연구기관·기업을 모두 장악해 불순한 의도에서 감염병을 만들어 확산시키고, 이를 빌미로 백신을 개발·보급하며 세계 모든 사람의 유전자를 조작해 노예로 만든다고 주장한다.

그러나 그런 음모론을 믿는 것 자체가 정상적인 문해력과 판단력이 있다면 불가능한 일이다.

특히 미국 등 각국 정부, 무수히 많은 전문 연구자와 기업과 자본 투자자가 총체적으로 일사불란하게 음모론에서 주장하는 일을 벌이는 것은 어떤 절대적 힘을 가진 신에 의해서도 이루어질 수 없기 때문이다. 이는 다음과 같은 단편적인 사례 몇 가지만 살펴봐도 이해할 수 있다.

코로나-19 연구의 우선순위

미국 국립알레르기감염병 연구소(NIAID)의 전략계획[24]에는 코로나바이러스 팬데믹 사태에 대응하기 위한 연구의 우선순위가 상세히 기술되어 있다.

첫째는 코로나-19라는 질병을 일으키는 바이러스 SARS-CoV-2와 코로나-19 질환에 대한 기초 지식의 향상과 바이러스의 특성을 파악하고 감염과 질병이 발생하는 경로를 더 잘 이해하기 위한 연구이다. 이는 사람에 따라 증상의 경중에 큰 차이가 있는지 파악하기 위한 것이다. 이를 위해 무증상 감염자의 역할과 바이러스 순환의 잠재적인 계절성, 사람에게서 발현되는 코로나-19 질환을 재현할 수 있는 크고 작은 동물 모델을 개발할 필요가 있다.

둘째는 코로나-19 사례를 식별 및 구별하고 바이러스의 확산을 추적하기 위한 신속하고 정확한 진단과 검사의 개발이다. 분자 검사는 저수준의 SARS-CoV-2를 탐지해 다른 관련 바이러스와 구별할 수 있다. 연구자들은 이러한 진단 검사의 속도와 정확성을 향상시켜 현재 발병 기간과 앞으로 질병이 발생할 때 확산을 완화하기 위해 노력해야 한다. 또한 항체를 검출하기 위해 새롭고 개선된 혈청 검사의 개발 노력을 강화하고, 코로나-19 감염 극복 사례들을 연구할 필요가 있다.

셋째는 코로나-19에 대한 잠재적 치료법의 특성화 및 시험이다. 이를 위해 광범위한 검사 방법 개발과 입원 및 외래 환자 등 다양한 모집단에서 복수의 임상실험을 병행 실시한다. 이와 함께 SARS-CoV-2 발병을 예방하는 안전하고 효과적인 백신 개발을 위해 NIAID는 광범위한 임상시험 인프라를 활용한 고급 임상실험을 계속하며, 정부 기관들과 충분한 백신의 제조와 보급을 위한 협력을 추진한다.

임상시험 네트워크 구축

미 국립보건연구원 산하 NIAID는 다양한 연구용 코로나-19 백신과 항체 실험 등을 위한 새로운 임상시험 네트워크를 구축했다.[25] 코로나-19 예방 시험 네트워크(COVPN)는 시애틀의 HIV(인체면역결핍바이러스) 백신 시험 네트워크(HVTN), 노스캐롤라이나 더럼의 HIV 예방 시험 네트워크(HPTN), 애틀랜타의 감염성 질환 임상 연구 컨소시엄(IDCRC) 등 4개의 기존 NIAID 지원 임상시험 네트워

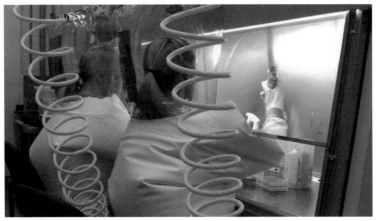
NIAID 통합 연구 시설(IRF)의 생물안전 4등급(BSL-4) 실험실에서 과학자들이 연구하고 있다.

크를 통합해 출범했다.

미국 보건복지부 장관 알렉스 아자르는 통합 임상시험 네트워크 구축은 2021년 1월까지 안전하고 효과적인 백신을 상당량 납품하는 목표를 위한 핵심 요소라고 설명했다. 또한 그는 새로운 네트워크를 통해 2020년 여름부터 기존 인프라를 활용하고 지역사회를 참여시켜 유망 백신의 말기 임상시험에 필요한 수천 명의 자원자를 확보할 것이라고 밝혔다.

앤서니 파우치 NIAID 소장은 임상 연구 노력을 단일 시험 네트워크로 집중화하면 코로나-19에 대한 안전하고 효과적인 백신과 기타 예방 전략을 효율적으로 식별하는 데 필요한 자원과 전문지식이 확대될 것이라고 말했다. 프랜시스 콜린스 국립보건원 원장은 COVPN이 시행하는 임상 3상에는 각각 수천 명의 지원자가 필요할 것이라며 특히 코로나-19의 심각한 결과에 가장 취약한 지역사회와의 협력은 이 연구 활동의 성공에 매우 중요할 것이라고 지적했다.

네트워크기업 오라클이 구축·기부한 COVPN의 웹사이트(https://www.coronaviruspreventionnetwork.org)에서는 백신 연구의 각 단계와 새로운 네트워크의 코로나-19 백신과 단핵 항체 연구 등에 관한 정보를 이용할 수 있으며, 임상시험 참가자들도 이 사이트를 통해 등록할 수 있다.

의회의 입법 지원

코로나-19 사태 초기부터 미국 정치권은 이에 대응하기 위한 연구 지원법을 추진했다.[26] 공화당 소속 프랭크 루카스 의원 등 8명의 의원은 코로나-19에 대응하는 연방 차원의 다양한 연구 노력을 공식화하고 미래의 건강 위협을 예측하기 위해 정부의 기술 능력을 전략적으로 향상시키기 위한 법안을 추진했다.

이 법안은 새로운 감염병 대응에 초점을 맞춘 상임 자문위원회와 기관 간 실무그룹을 신설하고 에너지부의 감염병 연구 프로그램에 수년 동안 5천만 달러를 지원하는 내용을 포함하고 있다. 루카스 의원은 성명에서 "코로나-19와의 싸움에서 의회가 할 수 있는 가장 가치 있는 일 중 하나는 즉각적인 대응과 향후 질병 발생에 보다 향상된 대응을 할 수 있도록 연방 과학기관들을 지원하는 것"이라고 밝혔다.

이 법안은 백악관이 제안한 국립과학원 신종감염병 상임위원회와 21세기 건강위협위원회에 대한 승인을 포함하고 있다. 산·학·관 전반에 걸친 전문가들로 구성된 이 위원회는 새로운 감염병과 관련 이슈 전반에 관한 자문을 목적으로 한다. 또한 백악관의 과학기술정책실(OSTP)이 정부 기관들 사이 '신종 감염병 예방 및 예측 실무그룹'을 운영하도록 하고 있는데, 이는 새로운 감염병 데이터 수집, 분석, 상황 인식, 예측 등을 위한 연방 프로그램과 활동을 조정하기 위한 것이다. 법안은 궁극적으로 감염병의 발생을 예측하는 과정에 존재하는 장벽을 인식하고, 앞으로 감염병에 좀 더 효과적으로 대응하기 위한 국가 전략을 개발하도록 했다.

인류를 위한 특허

미국 특허청은 코로나-19 관련 발명 특허를 대상으로 하는 '인류를 위한 특허 프로그램(Patents for Humanity Program)'을 시작했다.[27] 새로운 프로그램은 코로나-19를 추적, 예방, 진단 또는 치료하는 특허의 출원자, 보유자 및 라이선스 보유자에게 사업적 혜택을 제공하기 위한 것이다.

지나 레이몬도 미국 상무부 장관은 인류를 위한 특허 프로그램은 인간의 독창성이 인류의 가장 절박한 문제를 해결하는 것에 강력한 도움을 줄 수 있음을 입증할 것이라고 밝혔다. 드류 허시필드 특허청장 직무대행은 현재 미국의 혁신 커뮤니티는 코로나-19에 대한 창의적 해결책 마련에 중요한 역할을 하고 있다면서, 새로운 프로그램은 전례 없는 도전을 다루는 혁신자들에게 특별한 기회를 제공할 것이라고 설명했다.

인류를 위한 특허 프로그램 지원자는 사전 검토 절차 또는 특허 신청 등 한 가지 사항에 대한 특허청의 처리 절차를 가속화할 수 있는 인증서를 받을 수 있으며, 이를 통해 자신의 발명을 대중으로부터 인정받을 수 있다. 이 인증서는 이전 특별 프로그램보다 더 많은 사용 선택권이 있는데, 인류를 위한 특허 프로그램 향상법에 따라 보상을 포함한 가속 처리 인증서를 제3자에게 양도할 수 있다.

또한 가속 처리 인증서를 활용해 자신의 발명을 제공 가능한 상품과 서비스로 전환하는 데 도움이 되는 자금을 확보할 수도 있다. 2012년 2월에 시작된 인류를 위한 특허상은 오랜 개발 과제를 해결하기 위한 혁신적 특허의 출원자에게 주어지는 미 특허청 최고의 영예로, 일단 특허 출원을 하면 이 수상의 신청서를 제출할 수 있다.

인권과 윤리 강조

미국 과학진흥재단(AAAS)은 2021년 5월 「인공지능과 코로나-19: 적용과 영향 평가Artificial Intelligence and COVID-19: Applications and Impact Assessment」라는 보고서를 발간했다.[28] 이 보고서는 코로나-19 대응에서 인공지능의 윤리 및 인권 문제를 강조하고 있다.

공중 보건의 도구로서 인공지능은 세계가 코로나-19 팬데믹의 이해와 통제 및 퇴치를 처음 시도한 이후 확산되었다. 2019년 12월 팬데믹의 첫 징후와 확산, 영향에 대한 초기 예측 그리고 백신 개발에서 인공지능은 중심적인 역할을 했다. "코로나-19 팬데믹은 인공지능이 전 인류의 이익을 위해 이용될 수 있다는 것을 증명할 수 있는 고유의 기회를 제공했고, 인공지능 개발자들은 그 순간을 포착했으며, 인공지능 응용 프로그램의 확산은 빠른 속도로 진행"되었다는 것이다.

또한 팬데믹 초기 백악관은 앨런연구소가 주도하는 '코로나-19 공개 연구 데이터세트(COVID-19 Open Research Dataset)'의 사용을 권고했는데, 인공지능으로 구동되는 이 웹사이트는 전 세계 연구자가 코로나-19와 연계된 연구의 모든 측면에 대한 지식과 정보를 빠르게 공유할 수 있도록 했다.

이처럼 AAAS 보고서는 인공지능이 코로나-19 팬데믹 상황에서 기존의 많은 방법을 검토하는 데 엄청난 가치가 있었으며, 따라서 공공 보건의 관점에서 그리고 사회적 관점에서 애플리케이션의 영향에 대한 교훈을 얻을 수 있었다고 강조했다.

이어서 보고서는 감염병 시작 단계부터 인공지능 이용에 대한 분명한 요구가 있었지만, 실제로 그것이 어떻게 배치되었고, 시행 과정에서 어떠한 윤리적·인권적 문제가 발생하는지 등등 아무도 전체적으로 파악하지 않았다고 지적했다. 특히 감염자 접촉 경로 추적과 감시 프로그램 등에서 인공지능 기반 알고리즘의 윤리적 문제와 소프트웨어의 인적 편향성 또는 불평등한 처리 가능성 등에 대한 문제가 제기되었다고 지적했다.

보고서는 다음과 같은 질문으로 끝을 맺는다. "이 연구는…… 인공지능 애플리케이션과 관련된 기술적 문제를 다룬다. 즉 실제로 얼마나 잘 작동하는지, 또한 데이터와 관련되어 '알고리즘을 어떻게 교육하는가'뿐만 아니라 구현된 요구사항을 얼마나 효과적으로 충족할 수 있는지, 의사결정자들이 그들의 판단을 실행하는 데 도움이 되는 변수는 무엇이며, 어떤 편견이나 불평등이 그러한 알고리즘에 적용될 수 있는지 등에 대한 연구가 필요하다"는 것이다.

정부+기업+대학 컨소시엄

백악관은 코로나-19 연구자들의 바이러스 퇴치를 위한 과학적 발견의 속도 향상을 목표로 하는 코로나-19 고성능 컴퓨팅 컨소시엄(consortium)의 출범을 발표했다. 마이클 크라시오스 백악관 최고기술책임자는 미국은 코로나-19와 싸우고 있으며, 이는 치료와 백신을 위한 과학 연구를 빠르게 발전시킬 수 있도록 세계적인 수준의 모든 슈퍼컴퓨터가 능력을 발휘한다는 것을 의미한다고 밝혔다. 백악관, 에너지부, IBM이 주도하는 새로운 민·관 컨소시엄에는 자체적인 컴퓨팅 자원을 제공하는 정부·기업·학계의 리더들이 참여하고 있다.

연구자들이 온라인 포털을 통해 컨소시엄에 코로나-19 관련 연구 제안서를 제출하면, 제안서를 검토한 후 협력 기관 중 한 곳의 컴퓨팅 자원과 연결된다. 이 과정에서 최고 과학자와 컴퓨팅 연구자로 구성된 전문가들이 제안자들과 협력해 해당 작업이 공중 보건에 미치는 영향을 신속하게 평가하고, 그룹의 컴퓨팅 자원의 배당을 조정한다. 컨소시엄을 통해 이용할 수 있는 정교한 컴퓨팅 시스템은 생물정보학, 역학 및 분자 모델링과 관련된 방대한 양의 계산을 처리할 수 있으며, 과학자들이 코로나-19와 관련된 복잡한 과학적 질문에 대한 답을 신속하게 찾을 수 있게 도울 수 있다.

정부 기관으로는 에너지부·국립과학재단(NSF)·항공우주국(NASA) 등이, 기업에서는 IBM·마이크로소프트·아마존웹서비스 등이, 학계에서는 렌슬리어대학교와 매사추세츠공과대학 등이 보유하고 있는 컴퓨팅 자원과 관련 인력 등을 제공하는 방식으로 참여하고 있다.

 **미·중 경쟁의 핵심: 데이터**

미·중 경쟁의 엇갈린 전망

2019년까지 무역 문제로 대결을 벌이던 미국과 중국이 코로나-19 사태 이후에는 감염병 확산 책임 문제로 또다시 갈등을 계속 더해가면서 신냉전 체제가 본격화했다는 이야기도 나온다. 미국과 중국 사이에 대결 구도가 계속 심해진다면 어느 쪽이 유리할까?

많은 사람이 미국의 우세를 전망한다. 가장 큰 이유는 전반적인 하드파워(hard power, 군사력·경제력 등 강성 권력)에서 미국이 우세하지만, 무엇보다 소프트파워(soft power, 문화·가치 등 연성 권력)에서 중국이 미국을 당할 수 없기 때문이다.

소프트파워 중에서도 21세기에 그 힘의 핵심은 과학기술이라 할수 있다. 이 부분에서 중국이 최근 비약적으로 발전하고 있는 것은 사실이지만 아직 미국을 따라잡기에는 부족한 면이 있다. 이에 따라 미국은 바로 이 과학기술을 중국과의 대결에서 최고의 무기로 본격적으로 이용하기 시작했다. 중국 입장에서는 최대한 빠른 시간 내에 과학기술 분야에서 미국을 제치고 세계에서 선도적 입지를 구축하지 못한다면 미국과의 경쟁이 더욱 어려질 수 있으므로 더욱 서두를 수밖에 없는 상황이다.

과학기술 리더십 전쟁

미국과 중국은 코로나 사태 이전부터 세계적 과학기술 리더십의 위치를 놓고 사실상 전쟁을 벌여왔다. 2020년에는 중국의 홍콩 국안법(國安法) 제정을 둘러싸고 미국과 중국 간 갈등이 고조되는 가운데 미국이 중국인 대학원 유학생과 연구원에 대해 비자 취소를 통해 사실상 추방하는 방안을 공개했다. 미국에서 유학 중인 중국인 대학원생 가운데 중국 인민해방군과 연계된 중국 내 대학과 관련이 있는 학생들이 주요 대상이었다.

이 문제는 코로나 갈등 이전부터 미국 내에서 논의하던 부분이다. 미국에 유학 중인 중국인 학생은 약 36만 명이고, 비자 취소 결정이 내려지면 최소 3천 명이 영향받을 것으로 추산되었다. 당시 도널드 트럼프 대통령은 2020년 말까지 외국인 근로자에 대한 취업비자(H-1B) 발급을 중단한다고 밝혔다.

트럼프는 컴퓨터 프로그래머와 기타 숙련된 노동자를 비롯해 다양한 직업군의 노동자를 대상으로 한 취업비자 발급 중단 행정명령에 서명했다. 여기에다가 신규 영주권 발급 제한 조치를 연장해서 무려 52만 5천 명의 외국인 노동자가 연말까지 미국에서 떠나게 될 것으로 전해졌다. 이와 같은 비자·영주권 중단으로 직접 영향받는 사람들을 국가별로 보면 인도인이 가장 많았고 중국인이 그와 비슷한 정도였다. 물론 한국인도 상당한 영향을 받았다.

트럼프 정부는 이러한 조치가 코로나 사태 와중에서 미국인의 일자리를 지키기 위한 불가피한 조치라는 점을 표면적인 이유로 내세웠다. 그런데 그 이면에는 중국에 대한 무기로 이를 이용한다는 속셈이 뚜렷하게 나타난다. 한마디로 미국에서 중국인 유학생뿐만 아니라 중국인 기업 주재원, 나아가 중국인의 미국 이민까지 제도적으로 제한하겠다는 의도가 숨어 있었다.

그런데 이렇게 생각할 수도 있다. 중국도 이제 상당한 경제력이 있고 기술력도 있는데 꼭 미국에 가지 않아도 자체적인 역량으로 필요한 부분, 특히 과학기술 부분을 발전시킬 수 있지 않나? 그렇게 생각할 수도 있겠지만 이는 단순한 문제가 아니다. 첨단 과학기술은 시시각각 변화·발전하는 것이라서 아무리 자국의 기술이 발전했다고 해도 다른 나라의 연구자·연구기관 등과의 교류·협력 없이는 얼마 못 가 경쟁에서 도태될 수밖에 없기 때문이다. 계속 새로운 영양소가 공급되지 못하면 죽는 생명과 같다.

중국에 가장 무서운 일

특히 중국이 인공지능, 데이터과학 등 첨단 분야에서 엄청난 발전을 이루었어도 그 원천은 대부분 미국에서 들어온 것들이다. 이 줄을 딱 막으면 어떻게 될까? 중국의 과학기술은 얼마 못 가 말 그대로 우물 안 개구리가 될 수밖에 없다. 그런데 새로운 과학기술 지식의 공급줄이 막히는 것보다 중국 정부에 더 심각하고 무서운 문제가 있다. 바로 돈이다. 중국 부자들의 뭉칫돈이 모두 미국으로 빠져나가기 때문이다. 왜 그럴까?

몇 년 전부터 미국의 주요 대학들을 중국 유학생이 먹여 살린다는 말이 공공연하게 돌았다. 좀 살 만하다는 중국 가정에서는 자녀를 미국에 유학 보내는 게 유행이자 경쟁이 되었다. 이 길이 막히면 어떻게 될까? 중국인이 그냥 포기할까? 당연히 편법이라도 찾게 마련이다.

이미 중국인이 많이 쓰는 방법이 돈으로 해결하는 것이다. 돈을 투자해서 학생 명의로 미국에 사업체를 만들거나 사업용 부동산을 사들인다. 이를 기반으로 비자나 영주권을 받고, 나아가 가족이 모두 미국으로 이민 간다. 실제로 미국 주요 대도시의 사업용 부동산 시장은 중국 자본으로 돌아간다고 해도 과언이 아니다. 그 이유 중 상당 부분이 순수한 투자 목적 외에 이처럼 미국에 가기 위한 수단으로 부동산을 이용하기 때문이다.

그런데 미국 정부가 중국 학생이 미국 대학에서 공부하고, 중국인이 미국에 체류할 수 있는 길을 자꾸 막으면 어떻게 될까? 당장 중국 공산당 고위 간부나 대기업 소유자들부터 중국에 있는 돈을 싸들고 미국으로 몰려갈 것이다. 그럼 중국 정부가 막지 않겠냐고? 중국 공산당 고위 간부들부터 거의 모두 이미 이렇게 하고 있는데 그것을 어떻게 막을 수 있을까? 결국 미국이 이렇게 미국으로부터 중국에 공급되는 과학기술 지식의 통로를 막고 중국인이 미국에 유학하고 취업하는 길을 막으면 중국의 자본은 엄청난 속도로 미국에 더 쏟아져 들어오게 된다.

인공지능 기술은 앞으로 국가 간 무력 충돌 상황에서 중대한 전력 요소가 될 잠재력을 지니고 있다. 이와 관련해 중국은 인공지능을 국가경쟁력 강화와 국가안보 목표의 핵심으로 설정했다. 현재의 계획이 성공한다면 중국은 미국과 그 동맹국들에 비해 상당한 군사적 우위를 확보할 수 있을 것이며, 이는 미국에 중요한 부정적·전략적 함의를 갖는다.

미국의 근소한 우위

미국의 싱크탱크 랜드연구소는 인공지능 및 머신러닝 분야에서 미국이 중국에 대해 얼마나 전략적 우위를 확보하고 있으며, 이러한 우위의 유지를 위해 무엇을 해야 하는지 분석했다.[1] 연구팀은 미국과 중국의 인공지능 전략, 문화적·구조적 요인, 군사력 개발 등에 대한 비교 분석을 위해 영어 및 중국어 관련 문헌을 모두 조사·분

바이두는 중국 베이징에 본사를 둔 회사로 세계에서 손꼽히는 AI와 인터넷 회사 중 하나이다.

석한 후 다음과 같은 사실을 발견했다.

특정 국가가 인공지능 분야에서 주도권을 확보하고 있는지를 단정하는 것은 매우 어렵거나 불가능할 수 있다. 대체적인 분석 결과 중국은 여러 가지 이점과 관련 리더십의 집중도가 높은 반면, 미국은 일부 핵심 분야에서 중국에 근소하게 앞서는 것으로 나타났다. 첨단 반도체 분야에서 상당한 우위를 점하고 있는 미국에 대해 중국은 정부 주도의 대규모 투자를 통해 역전을 노리고 있으며, 미국의 실질적인 산업정책 부재는 중국에 유리하게 작용하고 있다. 그러나 중국은 인공지능 애플리케이션 개발에 필수적인 빅데이터 세트 분야에서 미국보다 우위에 있지만 미국의 반도체 우위를 넘어서기에는 부족할 것으로 평가된다.

미국 조 바이든 행정부 출범 이후 세계적인 관심사 중 하나는 미국과 중국의 대결, 특히 경제 전쟁이다. 일단 바이든 행정부는 진작부터 중국의 세력 확장에 대한 경계심을 부각하면서, 트럼프 때와는 약간 차이가 있을지 모르지만 기본적으로 자국 우선주의를 고수하겠다는 입장을 드러냈다. 특히 미국과 중국의 경제·무역 갈등이 첨단 기술을 중심으로 환경·노동 등의 분야로 번질 가능성이 크다는 것이 중론이었다. 그렇다면 양국 경제 전쟁의 핵심에 첨단 과학기술이 자리 잡고 있는 상황에서 그 중심에는 무엇이 있을까? 미국과 중국, 그리고 글로벌 경제 전쟁의 핵심인 첨단 과학기술의 중심은 바로 데이터라고 할 수 있다.

중국 최대 전자상거래업체인 알리바바의 창업자 겸 CEO 마윈이 한동안 소재가 불분명하다가 모습을 드러냈다. 그러면서 알리바바의 금융기술기업 앤트그룹이 금융지주사로 전환해 중국 중앙은행인 인민은행의 감독을 받기로 했다고 발표했다. 그동안 중국 정부와 마윈은 왜 대결 양상을 보여왔을까?

핵심적인 이유는 역시 데이터이다. 앤트그룹은 알리바바의 전자결제 시스템인 알리페이를 운영하는 회사이다. 즉 거의 모든 중국인이 알리페이를 이용하고 있는 만큼 사실상 중국인의 모든 금융 데이터를 손에 쥐고 있는 회사라고 할 수 있다. 전체주의 체제인 중국 정부가 이를 용납하지 못하는 것은 당연하다. 더 나아가 중국 정부는 그 엄청난 데이터를 어떻게든 자신의 통제 아래 두어야만 미국과의

중국 항저우에 자리 잡은 세계적으로 유명한 전자 상거래 기업 알리바바 그룹 본사

경쟁에서 이겨 세계 패권을 장악할 수 있다고 생각한다.

중국이 데이터에 사활을 건 이유

데이터는 4차 산업혁명 시대의 최우선 기술로 꼽히는 인공지능 뿐만 아니라 핀테크(금융기술), 안보, 보건 등의 분야에서 정부·경제 등 모든 시스템 운영을 위한 동력 또는 연료라고 할 수 있다. 그리고 데이터는 기본적으로 다다익선(多多益善), 즉 많으면 많을수록

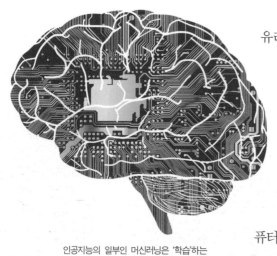

인공지능의 일부인 머신러닝은 '학습'하는
방법, 즉 데이터를 활용하여 새로운 지식을
얻어내는 기술이다.

유리하다.

몇 년 전 이세돌과 바둑 대결을 벌였던 알파고와 같은 인공지능을 작동하는 것이 머신러닝(machine learning), 즉 기계학습 기술이다. 간단히 말해서 컴퓨터에 데이터들을 입력해 스스로 학습하게 해 새로운 지식을 얻어내는 기술이다. 따라서 머신러닝을 발전시키기 위한 기본이 데이터이고, 당연히 데이터가 많을수록 머신러닝을 통한 인공지능의 능력은 급속히 향상된다. 알파고 역시 수많은 바둑 대국 데이터를 통해 스스로 바둑 실력을 향상시켰다. 대국 데이터가 1천개일 때보다 1만 개, 1천만 개, 1억 개로 늘어난다면 인공지능의 능력은 거의 무한대로 확장된다.

그래서 중국뿐만 아니라 첨단 기술 경쟁을 하는 모든 나라가 데이터, 흔히 말하는 빅데이터 경쟁을 하는 것이다. 중국처럼 국민의 개인정보를 장악해서 감시하고 통제하려는 목적도 있지만 어찌 보면 그건 부분적이다. 데이터에 목숨을 거는 근본 이유는 데이터가 있어야, 그것도 되도록 많아야만 세계적인 경제 전쟁에서 최후의 승리자가 될 수 있는 동력을 확보할 수 있기 때문이다.

정부 주도 대 개인 우선

문제는 이 부분에서 중국이 미국의 결코 만만찮은 상대라는 사실이다. 미국과 중국의 데이터 정책은 근본적으로 접근 방식이 완전히 다르다. 미국의 데이터 정책은 무엇보다 개인정보 보호를 우선하고 있다. 예를 들어, 페이스북이 몇 년째 이용자 데이터를 독점하고, 또 데이터를 유출하는 등의 문제로 정치권에서 논란이 이어지고 있다.

반면 중국은 모든 데이터에 대한 정부의 통제가 원칙이다. 여기에 따르지 않거나 불성실하게 협조하면 알리바바의 마윈처럼 정부의 통제를 당하게 된다. 즉 어떤 기업이 정부의 데이터 독점 원칙에 협조하지 않으면 정부는 그 기업 자체를 사실상 국유화하기에 이른다.

그러니 미국과 중국은 이용할 수 있는 데이터의 양 측면에서 엄청난 차이가 있을 수밖에 없다. 미국은 이 부분을 아직 중국에 앞선 기술력으로 지키고 있지만 시간이 갈수록 한계에 다가가고 있다. 반대로 중국은 정부 주도의 엄청난 투자, 우수한 인력 등을 바탕으로 미국과 기술 수준이 비슷해지고 있는 상황에서 미국이 엄두도 못 낼 수준의 독점적 데이터 이용 기회를 누리고 있다.

앞서 언급했듯이 이용할 데이터가 많을수록 인공지능 등 시스템 능력의 발전에 가속도가 붙는다. 당연히 기술 발전이 더욱 빨라지면서 중국은 미국의 턱밑까지 추격했다. 이것이 바로 미국의 딜레마이다. 전문가들의 일반적인 분석은 이런 상황을 종합했을 때 중국이 데이터를 기반으로 하는 인공지능 기술 능력에서 미국을 넘어서

려면 5년에서 10년은 더 필요하다고 한다. 여기에서 문제는 데이터의 양이다. 데이터가 많아질수록 가속도가 붙은 기술 능력이 그 기간을 더욱 단축할 것이다.

이와 같은 상황에 미국의 정책적 고민이 있다. 개인정보 보호와 정부 개입의 최소화가 원칙이지만, 그러다가 중국에 따라잡힐 수 있다는 위기감이 고조되고 있다. 마치 '성장이 먼저냐 분배가 먼저냐' 하는 문제와도 비슷하다.

미국과 중국의 데이터 경쟁 국면에서 한국은 그 영향을 피할 수 없다. 글로벌 시대에 결국 한 국가의 데이터 중 상당 부분은 국경을 넘어 이동할 수밖에 없다는 점에서 현재 미국과 중국의 양극 체제 가운데 어느 쪽에 방향을 맞출 것인가 하는 문제가 발생하기 때문이다.

최근의 수치를 보면, 2019년부터 2020년까지 인공지능 연구 발표 건수가 34.5퍼센트 증가하는 등 인공지능 붐은 여전히 주춤하지 않고 있다. 이는 출판물량이 19.6퍼센트 증가한 2018~2019년보다 높은 비율이다. 중국은 2020년 인공지능 연구 분야에서 미국을 제치고 인공지능 연구·개발 분야에서 성장세를 이어가고 있다.

중국은 다른 어떤 나라보다 더 많은 인공지능 논문을 발표하지만, 미국은 여전히 인공지능과 관련한 인용 논문을 더 많이 보유하고 있다. 이러한 수치는 인공지능의 세계적인 발전을 측정하기 위한 통계와 벤치마크(benchmark) 및 사건(milestone)의 집합인 「인공지능 지수」

(2021년판)[2]에서 나온 것이다.

「인공지능 지수」를 살펴보면 여러 가지 면에서 지난 몇 년 동안 언급된 추세를 확인할 수 있다. 즉 인공지능 연구의 양이 여러 척도에 걸쳐 증가하고 있고, 중국의 영향력이 계속 커지고 있으며, 투자자들은 인공지능 기업에 너 많은 돈을 쏟아붓고 있다.[3]

전문가 평가의 과학·공학 학술지 및 학술회의 논문을 기준으로 보면 세계 연구 출판물 생산량은 지난 10년 동안 매년 4퍼센트씩 증가했다. 전 세계 연구 출판물의 건수는 2008년 180만 건에서 2018년 260만 건으로 증가했고, 2018년 점유율은 중국 21퍼센트, 미국 17퍼센트, EU 24퍼센트로 집계되었다.

이처럼 중국의 연구 출판물 생산량은 지난 10년 동안 세계 평균보다 거의 두 배나 빠른 속도로 성장한 반면 미국과 EU는 세계 연간 성장률의 절반에도 못 미치는 수준이다. 미국과 EU 국가들의 연구 논문이 여전히 가장 큰 영향을 미치고 있지만, 학술지 및 학술회의 논문 인용 면에서 중국의 영향력 있는 출판물 생산이 급속히 증가하고 있다.

지난 20년 동안 미국은 과학·공학 분야의 인용 빈도가 높은 연구 출판물에서 세계적인 리더의 위치를 지키고 있다. 과학 분야별 전문화 수준은 국가마다 차이가 있는데, 학술지 및 학술회의 논문을 기준으로 미국·EU·일본은 보건과학 분야에서, 중국과 인도는 공학 분야에서 강한 것으로 나타났다. 미국은 천문학 및 천체물리학, 생물 및 생물의학, 지구과학, 보건과학, 심리학, 사회과학 분야에서 전문성과 영향력을 보이고 있으며, EU는 수학과 통계뿐만 아니라 천연자원과 보존 등 분야에 강점이 있다. 중국의 연구 출판물은 농업과학, 화학, 컴퓨터 및 정보과학, 공학, 재료과학, 천연자원, 자연자원, 자연보호, 물리학 분야에서 전문성과 영향력을 보인다.

미국의 아킬레스건, 타이완의 반도체 기업

미국 '인공지능 국가안보위원회(NSCAI)'는 2021년 3월 의회에 제출한 756쪽 분량의 최종 보고서[4]에서 다음과 같이 경고했다. "중국이 타이완을 합병한다면 미국이 인공지능 분야에서 중국에 대한 우위를 더 이상 지킬 수 없을 것이라는 전망도 있다. 미국이 타이완의 반도체 기업에 대한 의존도를 낮추지 않으면 인공지능 분야에서 중국에 우위를 내줄 수 있다는 것이다."

위원회는 보고서에서 인공지능 분야에서 중국을 이기려면 더 많은 자금과 인재, 더 강한 리더십이 필요하다면서 미국은 중국에 5~10년이 아니라 1~2년 앞서 있을 뿐이라고 지적했다. 또 위원회는 중국이 전 세계에 권위주의를 공격적으로 홍보하고 있다면서 서구적 가치를 보존하기 위해서 인공지능 기술을 발전시켜야 한다고 강조했다. 또한 안면인식처럼 대중을 감시하는 데 사용될 수 있는 인공지능 기술을 현명하게 제한해야 한다고 요구했다.

미국에 대해 완전한 우위를 차지하기까지는 시간이 걸리겠지만,

중국은 이미 몇몇 중요한 인공지능과 로보틱스 분야에서 미국을 앞질렀다. 예를 들어, 중국은 양자 컴퓨팅 분야에서 놀라운 발전을 이루었다. 양자 컴퓨팅은 오늘날 이용하고 있는 가장 빠른 슈퍼컴퓨터 이상의 컴퓨팅 성능을 약속하는 기술로, 중국은 이 기술의 개발에 집중하고 있다. 양자 기반의 위성통신 시스템, 상하이와 베이징 사이의 초보안(超保安) 양자 데이터 링크 등을 포함한 여러 **양자 컴퓨팅 기술**[*]을 개발하고 100억 달러 규모의 양자 컴퓨팅 센터 건설을 발표했다.

만약 사용할 수 있는 양자 인공지능 기술이 개발되면 중국은 기술 개발 단계를 넘어 일반적인 유용성을 보유한 양자 인공지능을 처음으로 개발하는 국가가 될 것이다. 이 경우 최초로 사용 가능한 기술을 실현한 국가가 다른 모든 국가를 선도하는 위치에서 독보적인 이점을 누릴 수 있다.[5]

---

[*] 양자 얽힘, 중첩 등 양자 역학을 바탕으로 하는 양자 시스템의 독특한 동작을 이용해 기존의 컴퓨터, 센서, 시스템이 할 수 없는 방식으로 계산하고 측정하며 정보를 전송하고 문제를 해결하는 컴퓨터 기술이다. 양자 컴퓨터를 이용한 정보 처리는 제조와 운송을 위한 재료, 암흑물질과 블랙홀에 관한 새로운 조사 등 광범위한 분야에서 과학기술의 발전을 제공할 잠재력이 있다는 평가를 받는다.

미국의 인공지능 정책

문제 인식의 한계

미국 후버연구소는 2020년 미국 대통령 선거를 앞두고 온라인으로 연재하는 「결정 2020 보고서」[1]에서 인공지능 혁신의 경제적·국가안보적·지정학적 의미를 다음과 같이 평가했다.

전통적 인프라에 지나치게 의존하고 있는 국가들은 국제 경쟁력을 유지하는 데 점점 더 많은 도전에 직면할 것이다. 왜냐하면 지정학적 상황은 인공지능이 혁명을 일으킬 준비가 되어 있는 영역의 많은 부분에 의해 크게 결정되기 때문이다. 인공지능 기술은 농업, 제조업, 교통, 무역 등의 분야에서 효율성을 크게 높일 수 있으므로 엄청난 경제성장 기회를 제공하며, 또한 국가안보 과제의 관리와 군대의 운용에 대한 인식의 변화를 가져올 것이다.

중국이 경제성장의 핵심 요소로 인공지능 기술에 적극적으로 투자하고 있지만, 미국은 여전히 구글, 페이스북, 아마존, 애플 등 이런 기술을 개척하는 기업들의 생태계를 갖춘 글로벌 인공지능 리더로 남아 있다. 미국 정부도 인공지능 인프라 개발에 수십억 달러를 투자했으며, 대학들은 인공지능 인적 자본에서 미국이 우위를 유지하고 향상하기 위해 관련 연구와 교육을 강화했다.

인공지능 분야에서 미국의 가장 큰 도전은 혁신의 동력을 약화하는 정부의 지나친 규제인데, 이러한 규제는 성과를 얻기까지 몇 년 이상이 소요되는 인공지능 중심의 정책을 실현하기 위한 효과를 낮출 수 있다. 또한 지난 2세기보다 훨씬 빠른 속도로 전개되고 있는 현재의 기술 혁명으로 더 많은 국부를 창출할 수 있지만 더 큰 소득 불평등을 초래할 것이다.

트럼프 정부의 인공지능 행정명령

도널드 트럼프 정부는 인공지능 기술의 혁신적 발전과 효과적인 이용을 위한 노력이 본격화했다. 대표적으로 트럼프 대통령은 2019년 2월 연방정부 기관에서 신뢰할 수 있는 인공지능의 사용을 촉진하는 행정명령에 서명했다.[2] 이 행정명령은 미국 국민에게 좀 더 효과적으로 서비스를 제공하고 인공지능 기술에 대한 대중의 신뢰를 높이기 위해 연방정부의 인공지능 기술 수용에 대한 지침이다.

이 행정명령은 인공지능이 시대에 뒤떨어지거나 중복되는 규제를 줄이고 연방 정보 시스템의 보안을 강화하며, 애플리케이션 프로세

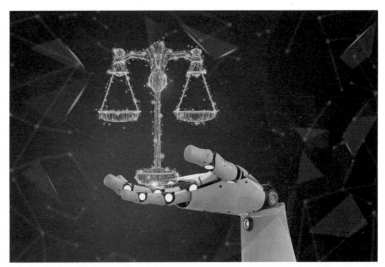

인공지능 이용은 합법적·효과적이어야 하며, 책임감 있고, 추적할 수 있어야 한다. 또한 정기적으로 의견을 수렴할 수 있어야 하고, 투명해야 한다.

스를 능률화하는 등 정부 운영을 개선할 수 있다고 내다보았다. 또한 이 행정명령은 인공지능의 설계, 개발, 획득 및 이용이 시민의 사생활, 인권, 시민의 자유, 미국의 가치 등을 보호하는 방식으로 이루어질 수 있도록 각 정부 기관에 지시하고 있다.

- 정부의 인공지능 이용 원칙: 연방정부 기관의 인공지능 이용은 합법적이어야 하며, 목적 및 성과 중심적이어야 하며, 정확하고 신뢰할 수 있어야 하며, 효과적이어야 하며, 안전하고 탄력적이어야 하며, 이해할 수 있어야 하며, 책임감이 있고 추적할 수 있어야 하며, 정기적으로 모니터링하며, 투명해야 한다.
- 원칙 실현을 위한 공통 정책: 기관 간 공통 정책 지침을 통해 이

러한 원칙을 구현하기 위한 절차를 확립한다. 백악관 예산관리국은 기관의 인공지능 이용을 지원하기 위한 정책 지침 로드맵을 개발하고 제시해야 한다.

- 인공지능의 기관 이용 사례 목록: 각 기관은 인공지능의 사용 사례 목록을 작성하고, 이러한 사용 사례를 검토하고 평가해야 한다. 이로써 인공지능의 설계, 개발, 획득 및 사용에서 원칙의 구현을 진전하기 위한 목적과 기관 간 조정을 개선하기 위해 다른 기관과 공유될 것이다.
- 향상된 인공지능 구현 전문 지식: 총무처(GSA)는 정부 내 인공지능의 설계, 개발, 획득 및 사용을 촉진하기 위해 산·학·관 전문가들이 기관에서 일할 수 있도록 대통령 혁신 펠로십(fellowship) 프로그램에 AI 분야를 구축한다.[3]

인공지능 규제 원칙

「인공지능에 대한 미국의 리더십 유지」에 관한 행정명령에는 대중의 참여 보장 및 과잉 규제 제한을 위한 규제 원칙의 필요성이 언급되어 있다.

- 인공지능에 대한 대중의 신뢰: 인공지능에 대한 정부의 규제 및 비규제 접근법이 신뢰할 수 있는 인공지능 개발을 촉진하여 인공지능에 대한 대중의 신뢰에 기여할 수 있도록 하는 것이 중요하다.

- 대중의 참여: 기관은 시행 가능하고, 법적 요건과 일치하는 범위에서 대중에게 정보를 제공하며, 그들이 규칙 제정 과정의 모든 단계에 참여할 수 있는 충분한 기회를 제공해야 한다.

- 과학적인 무결성과 정보의 품질: 기관은 정부에 의해 생산되든 제3자로부터 정부에 의해 획득되든 간에 중요한 공공 정책 또는 민간 부문의 높은 품질, 투명성 및 준수 기준에 대한 결정에 분명하고 실질적인 영향을 미칠 수 있는 정보를 보유해야 한다.

- 위험 평가 및 관리: 인공지능에 대한 규제 및 비규제 접근법은 다양한 기관과 다양한 기술에 걸쳐 위험 평가 및 위험 관리의 일관된 적용에 기초해야 한다.

- 편익과 비용: 기관은 종종 이미 규제된 산업에 인공지능을 적용하고 배치하는 것을 고려해야 하며, 인공지능 사용에 예상되는 책임 방법과 관련된 편익, 비용 및 분배 효과를 평가해야 한다.

- 유연성: 기관은 인공지능 애플리케이션의 급격한 변화와 업데이트에 적응할 수 있는 성능 기반 및 유연한 접근 방식을 추구해야 한다.

- 공정성 및 차별 예방: 기관은 인공지능이 차별에 미칠 수 있는 영향을 투명하게 고려해야 한다. 즉 인공지능 이용에 따른 공정성 및 차별 문제를 고려해야 한다.

- 공개와 투명성: 이는 인공지능의 사용에 대중의 신뢰를 높일 수 있으며, 몇몇 프로그램은 인간의 자율성을 높일 수 있다는 것

을 알아야 한다.

- 안전 및 보안: 기관은 안전하고 의도한 대로 작동하는 인공지능 시스템의 개발을 촉진하고, 설계·개발·배치·운영 과정 전반에 걸쳐 안전 및 보안 문제를 고려해야 한다. 또한 기관은 인공지능 시스템에 의해 처리·저장 및 전송되는 정보의 기밀성·무결성·가용성을 보장하기 위해 통제에 특히 주의를 기울여야 한다.
- 기관 간 조정: 인공지능의 관리·감독에 대한 일관성 있고 정부 전체의 단일한 접근 방식은 기관 간 조정으로 이루어진다. 기관은 경험을 공유하고 인공지능 관련 정책의 일관성과 예측 가능성을 보장하는 동시에 개인의 사생활, 시민의 자유 및 미국의 가치를 적절히 보호하는 접근 방식을 서로 조정해야 한다.[4]

'무허가 혁신'의 위험성

디지털 경제는 GDP의 9퍼센트 이상을 차지하며(금융 부문보다 더 크다) 코로나-19 팬데믹이 발생하기 이전에는 매년 6.8퍼센트씩 성장했다. 1970년대 근대적 규제 국가의 부상 이후, 아마도 전체 경제 중 그 어떤 부문도 전반적 규제가 시행되기도 전에 그러한 성장을 경험하지 못했을 것이다. 특히 이와 같은 급성장 과정에서 우리 사회의 거의 모든 부분에 영향을 미치고 있는 데이터 시스템과 알고리즘의 중요성을 과소평가하고 있다.

경제 성장은 부인할 수 없지만, 데이터 시스템과 알고리즘의 대량 확산은 '무허가 혁신(permissionless innovation)'*의 모습으로 사회에 광범위한 해악을 미치기도 했다. 이에 따라 새로운 규제기관, 즉 연방거래위원회(FTC) 같은 기관의 역량 확대가 필요하다는 주장이 나오고 있다. 그러나 현재로서는 정부가 인공지능으로 발생한 직접적인 해악, 특히 알고리즘적 차별을 줄이기 위해 조치를 취해야 한다.

많은 산업에서 알고리즘에 의한 의사결정 방식을 이용하는 것은 기존 법률의 규제와 집행에 심각한 문제를 가져올 수 있다. 건강보험 회사들은 인종적으로 편향된 방식의 진료를 우선하는 위험한 예측 도구를 구현하고 있다. 이는 연방 자금을 지원받는 모든 제공자 또는 보험사에게는 불법이다.

화상 면접 자동화에 이용되는 인공지능 시스템도 의심의 여지 없이 중대한 결함이 있다. 이는 미국 장애인법을 위반해 장애인을 차별하는지 조사할 명분을 제공한다. 승차 공유 플랫폼 우버(Uber)와 리프트(Lyft) 운전자를 관리하는 알고리즘이 노동법을 준수한다는 이유로 직원과 독립계약자 사이의 경계를 모호하게 하는 결정을 내릴 수 있다. 그러나 미국 정부 담당 기관들이 이러한 문제에 해답을 제시할 수 있을지는 의문이다.

---

*급속한 기술 혁신이 이루어지는 동안 언제 무엇을 혁신할 것인지, 그리고 어떻게 디지털 제품과 서비스를 시장에 내놓을 것인지 등 많은 결정은 정부보다 기술기업들에 의해 이루어졌다. 기술기업들은 기업에서 하는 일을 모두 정부의 허가를 받는다면 혁신이 불가능하다고 주장하는 반면, 정부는 혁신을 추구하는 과정에서 기술의 오용과 남용 등의 문제를 예방하는 조치가 필수적이라는 입장이다.

규제와 혁신 억제

트럼프 행정부는 알고리즘 사용과 관련된 문제를 피하려고 했다. 그러나 이는 최소한의 수준에 불과하다고 평가한다. 따라서 바이든 행정부에서는 더 적극적으로 나서야 한다는 요구가 이어진다.

2019년 2월 행정명령에 따라 백악관 관리예산국(OMB)은 2020년 11월 인공지능 규제에 대한 최종 지침을 발표했다.[5] 지침에서는 규제가 아닌 인공지능 혁신이 트럼프 행정부의 최우선 과제임을 분명히 하고 있다. 예를 들어, '공개 및 투명성'뿐만 아니라 '공정성과 무차별성'에 대한 언급을 포함한 것은 고무적인 것으로 평가된다.

하지만 이는 새로운 규정을 시행하기 전에 필요한 수많은 고려사항 중 일부에 불과하다는 지적이다. 부분적으로는 비규제적 개입 방안을 제시했지만 결국 인공지능 애플리케이션에 대한 새로운 규제 안전 조치를 권장하거나 활성화하기 위한 것이 아니라 혁신을 억제하기 위한 것이라는 의도가 드러난다.

인공지능 같은 방대한 데이터 시스템에 대한 관리 감독은 많은 기관에게 벅찬 작업일 수 있다. 따라서 바이든 행정부는 이러한 새로운 책임을 지원하기 위해 미국 디지털서비스(USDS)에 연방기관의 알고리즘 규제 역량을 뒷받침할 데이터 과학자와 엔지니어들을 보강할 계획이다.

USDS는 연방정부에 기술 인력을 투입해 서비스를 현대화하는 성공적인 구상이라는 평가를 받았다. 또한 안전한 데이터 환경을 구축하고 알고리즘에 대한 감사를 수행하는 데 필요한 인력을 공급할 수 있는 능력을 갖추고 있다. 바이든 행정부는 백악관의 과학기술정책실(OSTP)과 대통령 혁신 펠로십의 인력 충원 권한을 활용해 전문성을 높이는 등 관련 노력을 정책의 우선순위로 삼고 있다.

바이든 정부의 정책 방향

이러한 노력의 하나로 바이든 행정부는 2021년 6월, 인공지능 연구자들이 더 많은 정부 자료를 이용할 수 있도록 백악관 과학기술정책실과 국립과학재단(NSF)이 주도하는 국가 인공지능 연구자원 특별 조직(task force, TF)의 출범 계획을 발표했다. 정계·학계·산업계의 전문가 12명으로 구성된 이 조직은 미국인의 인구 통계부터 건강, 운전 습관 등에 이르기까지 광범위한 자료에 대한 인공지능 연구자들의 안전한 접근 등 인공지능 연구자원 조성 전략을 마련하고 있다. 또 이들은 전국의 인공지능 연구자들에게 필요한 정부의 자료를 이용하고 분석할 수 있는 컴퓨팅 능력 구축을 주도할 계획이다.

미 의회가 2020년 국가 인공지능 특별조직법에서 의무화한 이 조직은 미국이 기술 발전의 선두에 서도록 하기 위한 정부 차원 노력이다. 트럼프 행정부 시절 정부는 새로운 인공지능 연구소를 설립하고 연구자들이 더 많은 정부 자료를 이용할 수 있는 방안을 논의한 바 있다.

인공지능의 개발은 머신러닝 능력 향상을 위해 방대한 규모의 데이터에 접근하는 것에 달려 있는데, 워싱턴과 재계에서는 중국과 러시아 등이 인공지능 분야에서 미국을 위협할 수 있는 것도 같은 맥락으로 보고 있다. 특별 조직의 공동위원장을 맡은 린 파커 OSTP 인공지능 담당 부국장은 이 조직에서 외부인에게 제공할 수 있는 공동 연구 기반 구조를 만들기 위한 로드맵을 의회에 제공할 것이라고 밝혔다. 이들은 미국인의 사생활을 보호하고 윤리적 우려를 해결하면서 자료를 이용할 수 있도록 하기 위한 보고서를 2022년 5월과 11월에 발간할 예정이다.[6]

백악관 최고 과학자의 역할

오바마 행정부 시절에 만들어졌고 트럼프 대통령 재임 기간에 별다른 활동이 없었던 OSTP 내 최고 데이터 과학자의 역할이 최근 들어 다시 관심을 끌고 있다. 이 과학자는 미국의 가장 어려운 문제들, 특히 정밀 의료와 데이터 중심의 정의와 관련된 데이터를 가져오기 위해 앞장섰다. 그는 민간 부문에서 알고리즘의 윤리적 사용에 대한 목소리를 냈으며 지금도 노력을 계속하고 있다. 앞으로도 인공지능 활용에서 업계 모범 사례의 보급과 높은 기준을 재차 강조하면서 이러한 역할을 복원해갈 것이다.

미 상무부 국립표준기술연구원(NIST) 및 ISO/IEC 공동기술위원회 같은 표준 기구의 지침과 학술 연구로 차기 최고 데이터 과학자는 인공지능 사용에 관한 특정 안전장치를 지향하는 기술 개발을 추진해야 한다. 또 업계가 인공지능 시스템에 대한 독립적인 감사를 수용하는 등 검증할 수 있는 조치를 취하도록 유도해야 한다. 비록 직접적인 감독보다는 제한적이지만, 더 높은 산업 표준을 추진하는 것은 국가 교통안전위원회와 화학 안전 및 유해 조사위원회 같은 기관들에 의해 입증되었듯 문제의 재발을 줄이는 데 효과적이다.

인공지능 정책과 국제 협력

영국은 2020년 온라인 피해를 해소하기 위한 새로운 규제안을 내놓았고, 유럽연합도 인공지능 규제안을 추진 중이다. 미국은 민주당이 상원을 결정적으로 장악할 수 없는 상황에서 새로운 규제기구를 만드는 입법은 쉽지 않아 보인다. 하지만 상원에서 민주당의 과반수 지원이 없더라도 바이든 행정부는 입법을 통해 몇몇 해로운 기술 관행을 억제할 수 있을 것이다. 이러한 노력은 유럽연합 등과 국제적 협력을 통해 실효성을 한층 높일 수 있다.

미국과 유럽연합의 인공지능 협력
인공지능은 사람들이 일하고 사회화하며 경제를 발전시키는 방법을 변화시킬 수 있는 잠재력을 가진 기술로, 국가안보에서 무역에 이르기까지 광범위한 영역에서 세계적 영향을 미칠 수 있다. 미국의 브루킹스연구소는 유럽집행위원회(EC)의 인공지능 관련 백서에 명시된 인공지능 혁신 및 중요 규제 분야의 목표를 실현하기 위한 수단으로 유럽연합의 주요 교역 상대국이며 인공지능 분야의 리더인 미국과의 관계에 초점을 맞춘 보고서를 발간했다.[7]

보고서는 인공지능에 관한 대서양 협력의 중요성을 강조하고 있다. 대서양 협력 관계는 궁극적으로 공유된 가치와 희생에 기초하기 때문에 중요하며, 여기에는 민주주의와 인권, 나아가 개방적이고 투명하며 책임감 있는 시민 거버넌스의 형태가 포함된다. 미국과 유럽연합은 지금까지 표현의 자유와 혁신을 위한 공통된 인터넷 거버넌스를 추구해왔다. 하지만 인공지능과 관련해서는 기존 가치와 규범을 바탕으로 하는 인터넷 거버넌스의 미래를 당연시할 수 없게 되었다.

대서양 인공지능 협력은 공동 가치에 기반한 **인공지능 거버넌스**[*]의 토대가 될 수 있다. 인공지능이 인권과 민주주의 규범을 기반으로 구축하기 위해서는 미국과 유럽연합이 인공지능 혁신을 통한 성과를 활용해야 할 것이다.

---

* 인공지능에 의한 개인정보 침해, 편향성 등의 문제가 이어지며 인공지능의 신뢰성 확보는 기술 개발보다 우선해야 할 과제로 떠올랐다. 인공지능 거버넌스는 인공지능이 단순한 기술이 아니고 관련 분야의 전문가, 관계자들이 참여하는 공동체라는 개념에서 인공지능의 신뢰성을 높이기 위한 관리 정책을 의미한다.

중국이 인공지능 연구 분야의 최상위권을 차지하고 있으며, 안면 인식 등 일부 분야에서는 기술 수용을 주도하고 있다. 인공지능 분야에서 유럽연합이 중국에 뒤질 수 있다는 인식에서 미국과의 협력이 더욱 중요해지고 있다. 미국과 유럽연합은 인공지능 분야의 리더십을 보장하기 위해 시장·기술·인재를 활용하고, 인공지능으로 인한 경제적 이익을 실현하고 이후 적절하게 배분되도록 협력해야 하며, 폭넓은 인공지능 거버넌스 목표 달성을 필수적인 요소로 설정해야 한다는 데 공감했다.

미국과 유럽연합의 인공지능 대서양 협력에는 기초연구 개발, 기술 개발, 인공지능 투자 등이 포함되며, 정부와 민간 부문의 혁신 역량이 성패를 판가름할 전망이다. 지속적인 인공지능 개발을 위해서는 공통된 규제와 표준의 개발이 필요하다. 이는 기능적이고 상호 운용적이면서 불필요한 장벽을 방지하고 혁신을 지원하는 기본 가치로서 의미가 있다.

인공지능 표준 개발이 핵심

인공지능 규제를 위한 대서양 협력 관계는 다음과 같은 단계를 거쳐 구축할 수 있다.

- 인공지능 규제 목표에 대한 공통된 시각 개발: 미국과 유럽연합은 인공지능 규제와 관련해 비슷한 목표를 제시하고 있는데, 이와 관련해 공통의 표준이 될 수 있는 OECD의 인공지능 원칙

을 지지하고 있다.

- 인공지능에 대한 공통 위험 평가 및 관리 방법 개발: 비용 편익 분석을 포함하는 위험 평가는 유럽연합과 미국의 규제 개발에 핵심이다. 전반적인 관련 규제는 차이점보다 유사성을 바탕으로 공통의 이해를 발전시킬 수 있다.

- 인공지능 피해에 대한 최적의 대응 방안 모색: 미국과 유럽연합은 인공지능으로 인한 피해 위험을 줄이고 신뢰 구축을 위한 최적의 접근 방안을 모색하는 규제 및 비규제적 전략을 개발해야 한다.

여기서 인공지능 표준 개발은 인공지능 대서양 협력의 핵심 부분이다. EU와 미국은 인공지능에 관한 ISO/IEC 공동기술위원회 작업 등 국제표준 개발을 강조하고 있다. 일대일로(一帶一路), 양자 간 합의, 표준기구 등을 통해 중국이 자국의 기술 표준을 세계적으로 확장하려는 계획에 대응해 미국과 유럽연합이 규제의 차이를 최소화하고 되도록 일치하려는 노력은 다른 국가들과의 인공지능 거버넌스 발전을 위해서도 중요하다. 또한 미국과 유럽연합은 데이터 사용과 관련해 공통된 접근방법을 개발하기 위해 노력해야 한다.

더욱 높아진 요구 수준

2021년 임기를 시작한 제117차 미국 의회는 개인정보 보호법안과 전면적인 독점금지법안에 대한 논의를 계속하고 있다. 통과 가능성이 큰 개인정보 보호법은 새로운 소비자 보호 관련 내용을 포함하고 있다. 실제로 공화당 상원의원 4명은 데이터 보안 보호 개선, 알고리즘 편향 완화, 딥페이크 같은 콘텐츠 위·변조 방지 등을 시도하는 「데이터 보호법Safe Data Act」을 발의했다. 이 법안은 시민사회단체로부터 개인정보에 대한 의미 있는 변화를 가져오기에 불충분하다는 비판을 받지만, 연방거래위원회의 규제 역할을 확대하겠다는 잠재적 의지를 담고 있다.

바이든 행정부는 개인정보 보호법 제정에 더 적극적으로 나서고, 초당적 지지를 얻을 수 있는 추가 소비자 보호도 지원하라는 압력을 받는다. 예를 들어, 데이터 보호법에 인공지능 시스템이 상업적·정치적 목적을 위해 실제 사람으로 가장할 수 없도록 인공지능 시스템을 의무적으로 공개하는 내용을 포함해야 한다는 주장이 힘을 얻고 있다.

민주·공화 양당 의원들은 또한 개인정보 침해 가능성뿐만 아니라 형사·사법 시스템에서 인공지능 기술을 이용한 안면인식 기법의 역할에 대해 회의적인 입장을 표명했다. 이에 따라 최소한의 비디오 화질을 요구하고 시스템이 매우 엄격한 시험, 즉 기존 시스템 중 많은 시스템이 통과하지 못할 수준의 시험을 거치도록 하는 등 새로운 안전장치를 마련하는 것에 대한 합의가 있을 수 있다. 최근 보스턴, 샌프란시스코, 포틀랜드 등 다양한 지역에서 경찰의 안면인식 사용이 금지되었다.

의회에서 대부분의 얼굴 감정 분석(표정을 분석하는 알고리즘의 관련 사용)을 확실하게 금지해야 한다는 목소리가 높다. 자동화된 채용 면접, 직원 감독 등 다양한 목적으로 확산되는 이러한 유형의 소프트웨어는 얼굴 움직임과 구조를 이용해 채용 지원자나 직원에 대한 예측을 시도한다. 그러나 이 애플리케이션은 기술의 능력을 극단적으로 과대평가하고 편견을 심화시킬 가능성이 대단히 크다는 지적을 받는다.

바이든 행정부는 인공지능 시스템의 무분별한 사용으로부터 시민을 안전하게 보호하기 위한 실질적인 조치를 취할 수 있는 도구들을 가지고 있다. 의회의 조치가 없더라도 바이든 행정부는 알고리즘이 저지른 범죄와 차별이 더 이상 법의 적용을 피하지 못하게 보장할 수 있다. 바이든 행정부는 의회와 협력해 진행 중인 입법 과정에서 알고리즘에 의한 최악의 상황을 해결하기 위한 노력을 시작했다. 이러한 조치는 빅테크의 기술에 대한 사회적 신뢰를 구축하는 데도 도움이 될 수 있다.

규제 필요성 대부분 공감

2019년 미국인의 84퍼센트가 인공지능에 대한 세심한 관리가 필요하다고 답했다. 2017년 모닝컨설트의 여론조사에 따르면, 민주당과 공화당 지지자의 70퍼센트 이상이 인공지능에 대한 규제를 지지하는 것으로 나타났다.[8] 차세대 인공지능 기반 서비스와 제품이 널리 채택되려면 국민의 신뢰가 우선이다. 최악의 알고리즘 위반을 예방할 수 있는 더 나은 안전장치를 채택함으로써 정부는 장기적으로 민간 부문을 지원할 수 있다.

물론 정부가 인공지능 사용을 억제하는 데만 힘써야 한다는 주장은 아니다. 정부는 국립 인공지능연구소들을 위한 국립과학재단(NSF)의 광범위하고 새로운 자금 투자를 계속해야 한다. 정부는 또한 인공지능에 대한 글로벌 파트너십을 지속해서 발전시켜야 하며, 인공지능의 세계적 역할을 위한 민주적인 규범 마련을 위해 노력해야 한다.

인공지능 연구에 대한 투자와 세계적 합의를 향한 노력 모두 매우 중요하다. 다만 진로의 수정이 필요한 것은 인공지능에 대한 감독과 관련된 부분이다. 정부는 알고리즘 시스템의 남용으로부터 시민을 안전하게 지키기 위해 할 일이 많지만 그 일을 시작할 능력이 있다는 점에서 그만큼 책임도 크다고 할 수 있다.

블록체인과 정치 개혁

블록체인이 정치를 바꿀까

매사추세츠공과대학 미디어랩 소장 이토 조이치는 "인터넷이 정보를 제공했다면 블록체인(block chain)은 신뢰를 제공할 수 있다. 인터넷이 그랬듯이 블록체인은 모든 것을 변화시킬 잠재력이 있다"[1]고 밝혔다. 이 표현처럼 블록체인은 인터넷으로 아직 이루지 못한 변화를 정치의 영역에서도 가능하게 할 수 있다는 평가를 받는다.

특히 중앙집중형 권력이 통제하는 전통적인 거버넌스가 아닌 탈중앙화됨으로써 권력과 책임이 분산된 블록체인 거버넌스는 어찌보면 수천 년 동안 이어진 인류의 정치 자체를 근본적으로 변화시킬 수 있을 것이라는 기대가 날로 높아지고 있다.

실제로, 세계 각국에서는 정부와 정치권이 아닌 민간 조직을 중심으로 **블록체인 민주주의***를 향한 새로운 시도가 활발히 진행되고 있다.

2018년 6월 웨스트버지니아주는 예비선거에서 블록체인 기술을 이용한 인터넷 투표를 미국에서 처음으로 실시했다. 이 지역에서는 유권자의 얼굴을 인식해 정부가 발급한 신분증 사진과 일치하는지를 확인할 수 있는 보츠(Voatz)라는 모바일 투표 플랫폼을 이용해 해외 거주 유권자의 부재자 투표를 실시하기도 했다.[2] 당시에는 초기 단계 기술 실험을 주목적으로 하는 만큼 새로운 방식의 투표에 유권자의 참여는 저조했던 것으로 알려졌다. 콜로라도주의 주도 덴버도 2019년 5월 지방선거에 블록체인 기술 기반 스마트폰 애플리케이션을 이용했다.[3]

미국의 대표적인 싱크탱크 브루킹스연구소의 전문가들은 선거에 블록체인을 사용한다는 아이디어가 실험 이상의 가치가 있다고 밝혔다. 우선, 안전하고 검증된 **인터페이스(interface)**^{**}를 사용하는 모바일 투표는 부정선거 가능성을 없애면서 투표율을 높일 수 있고, 또 선거 관리에서 선거 과정의 투명성을 유지하고 선거 비용을 최소화하며 개표 과정을 간단하게 하는 등 선거 전반에 많은 이점을 제공할 수 있다는 것이다.[4]

반면, 미국의 '국립 과학·공학·의학 아카데미(NASEM)'는 2018년 가을에 발간한 보고서에서 블록체인 기술을 아직 선거에 사용하지

---

* 선거, 정책 결정 등에 블록체인 기술을 이용함으로써 중앙집중형 권력이 통제하는 전통적인 정치가 아닌 탈중앙화됨으로써 권력과 책임이 분산된 민주주의 정치이다.

** 서로 다른 두 개의 시스템이나 장치 사이에서 정보나 신호를 주고받으며 공유하는 경계면으로, 사용자가 기기를 쉽게 작동하는 데 도움을 주는 장치나 프로그램이다.

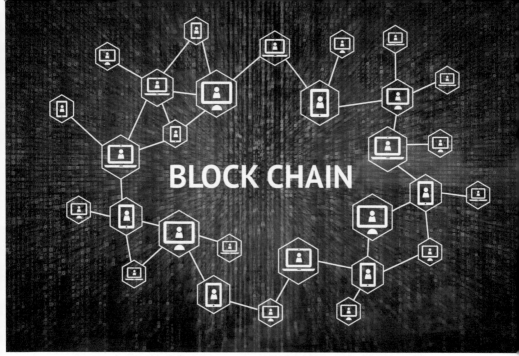

블록체인은 구획을 잇달아 연결한다는 뜻으로, 가상화폐(비트코인)로 거래할 때 해킹을 막기 위한 기술에서 출발했다.

말아야 한다고 주장했다. 보고서의 저자들은 "블록체인을 이용한 투표가 유망해 보일지라도 이 기술은 선거에서 근본적인 안전 문제를 해결할 수 없어 보인다"고 평가했다.[5]

아직 초기 단계이고 평가도 다르지만, 블록체인을 정치 영역, 특히 선거에 도입하려는 시도는 미국뿐만 아니라 세계적으로 이어지고 있다. 한국에서도 중앙선거관리위원회 차원에서 블록체인 기술을 기반으로 하는 온라인 투표 방법을 개발하고 있는 것으로 알려졌다.

"21세기 디지털은 정치적이다"

이처럼 세계적으로 블록체인 투표를 포함하는 이른바 '블록체인 민주주의'에 관심이 높아지고 있는 이유는 다양하다. 흔히 블록체인 투표가 주는 이점으로 투표 과정의 부정 방지, 투명성 제고, 비용 절감, 절차 간소화 등을 들고 있지만, 각국 정치권에서 가장 중요하게 여기는 것은 블록체인 기술을 통한 정치 참여의 확대라고 할 수 있다.

블록체인 기술의 이용으로 대중의 정치 참여 확대를 기대하는 것은 단순히 발전된 온라인 투표 방법이 유권자에게 편리함을 제공해서 투표율을 높일 수 있다는 이유 때문은 아니다. 한국, 미국 등 세계적으로 비슷하게 나타나고 있는 정치 무관심 또는 정치 불신 현상은 단순히 투표의 불편함 때문이 아니다. 실제 이유는 자신이 행사하는 권리가 제대로 정치에 영향을 미치지 못하고 있다는 정치적 무력감 또는 정치적 소외감 때문이라는 분석이 일반적이다. 블록체인 기술은 선거 과정에서의 이점을 넘어 유권자들의 이러한 의식을 근본적으로 변화시킬 수 있는 기술적·제도적 기회를 제공할 수 있다는 기대가 블록체인 민주주의에 대한 관심을 높이고 있다.

제이미 서스킨드는 "첨단 디지털 기술은 소비자로서뿐만 아니라 시민으로서의 우리에게 영향을 미친다. 21세기에 디지털은 정치적인 것이다"[6]라고 주장했다. 도라 코스타코풀루는 "블록체인 기술의 등장은 무한대의 구성원들 사이에 포괄적이고 안전하며 투명한 데이터 공유 메커니즘을 제공함으로써 참여 시민의 개념과 성격을 변화시킬 것을 약속한다"[7]고 설명했다.

블록체인 기술을 정치에 도입하는 것은 결코 간단한 문제가 아니다. 단순히 투표율을 높이거나 특정 정치세력에 유리할 수 있다는 등의 단편적 또는 정파적 인식에서 이를 추진하는 것은 오히려 부정적인 결과만 초래할 수 있다. 블록체인 민주주의와 관련된 현실과 미래에 대해 좀 더 깊고 폭넓은 이해와 고민이 필요한 이유도 여기에 있다.

블록체인 투표의 현주소와 가능성

2020년부터 한국과 미국에서는 국회의원 총선거와 대통령 선거 결과를 놓고 부정선거 논란이 이어졌다. 한국에서는 선거 1년이 훨씬 지나도록 대법원에서 재판이 제대로 진행되지 않으면서 마냥 시간만 가고 있다. 미국에서는 애리조나주 한 지역에서 부정 의혹을 제기한 공화당 진영을 중심으로 전면적인 감사가 장기간 진행되었다. 그러나 선거 과정에 어떠한 부정이 있었다는 증거는 전혀 찾지 못했다. 더 큰 문제는 이 부정선거 시비가 계속될수록 국민, 그리고 같은 지지 계층 사이에서 혼란과 갈등이 더 심해지고 있다는 점이다.

미국 애리조나주 마리코파 카운티에서 재검표가 진행 중일 당시 트럼프 지지자들은 선거 결과를 뒤집을 기회라고 기대하면서, 반대로 민주당 지지자들은 아무 의미 없는 정치적 이유로 시간과 인력·예산을 낭비하고 있다고 비난하며 양측의 갈등은 더욱 깊어졌다.

그러나 만에 하나 애리조나주의 한 카운티에서 개표 결과가 뒤집힌다고 해도 법적으로 대선 결과 자체를 바꾸는 건 불가능하다. 다만 재검표 과정에서 선거 관리상의 뚜렷한 문제가 확인된다면 이를 근거로 그 주의 선거제도, 예를 들어 우편투표 같은 현재 선거법을 바꾸는 일은 가능하다. 이와 함께 보다 근본적으로 선거 부정 시비와 논란을 피하기 위한 선거제도의 개선에 관한 논의가 더 활발해질 것이다.

부정선거의 원천 차단은 가능한가

세계 각국에서 계속되는 선거제도와 관련한 논란은 유권자의 투표가 선거의 공정한 결과, 나아가 실제 정책적 결과로 반영되는 방법을 찾는 것이 그만큼 어렵다는 것을 보여주는 사례들이다. 이에 따라 세계 각국 정부와 시민사회에서는 블록체인 기술을 이용해 좀 더 투명한 정부와 사회를 만들려고 시도하고 있다.

정치과정에 블록체인을 이용하는 것에서 현재 단연 진전된 분야는 블록체인을 이용한 선거라고 할 수 있다. 투표는 민주주의의 핵심 요소이지만, 선거의 공정성을 유지하는 것은 간단한 문제가 아니다. 그런데 블록체인 기술을 이용한 선거에서는 각 투표가 블록체인에 기록되어 변경될 수 없다. 또 그 결과는 일반 대중이 안전하고 정확하게 즉시 확인할 수 있다.

간단히 말해서 블록체인은 비트코인 같은 암호화폐의 기반이 되는 데이터 처리 기술이다. 여기서 블록체인 기술에 관해 자세히 설명할 수 없지만, 기존의 데이터 처리 방식과는 중요한 차이가 있다. 즉 기존의 방식은 은행, 정부 기관, 기업 등 어떤 중앙의 관리자가 전체를 통제하지만, 블록체인은 모든 처리 과정에 중앙 권력이 없이 각 블록이 체인 형태로 연결되는 탈중앙화 또는 분산화된 구조라는 점이 핵심적 차이다.

이러한 구조의 가장 큰 장점은 모든 데이터 처리 내역을 중앙(예를 들어 선거에서는 중앙선거관리위원회의 서버)에 저장하는 것이 아니라 데이터 처리를 위해 수많은 블록을 만든 각 참여자가 함께 저장한다는 것이다. 따라서 이 결과를 바꾸려면 모든 참여자가 동의해야만 하므로 사실상 처리 데이터의 변경이나 조작 등이 근본적으로 불가능하다.

앞서 언급했듯이 웨스트버지니아주는 2018년 6월 예비선거에서 블록체인 기술을 이용한 인터넷 투표를 미국에서 처음으로 실시했다. 러시아의 모스크바 시의회는 2019년 2월 전자투표 시스템에 블록체인 기술을 이용하는 법안을 제출했다. 타스통신에 따르면, 시의회 측은 블록체인 기술의 특성 덕분에 유권자의 개인정보와 투표 결과를 별도로 관리할 수 있으며 선거 부정을 방지하는 데 도움이 될 것으로 전망했다. 러시아는 2018년 12월에 이미 사이버 보안 기업 카스퍼스키랩이 개발한 폴리(Poly)라는 블록체인 전자투표 시스템을 이용해 사라토프주에서 4만 명이 참여하는 지방선거를 성공리에 치렀다.

이외에도 세계적으로 블록체인을 선거에 도입하려는 다양한 시도가 이어지고 있다. 2019년 1월 초 태국의 국립 전자컴퓨터기술센터는 블록체인 전자투표 시스템을 개발했다고 발표했다. 일본의 쓰쿠바는 이미 지방선거에서 블록체인 투표를 실시했으며, 선거뿐만 아니라 의료 등 여러 사회복지 프로그램에 블록체인 기술 도입을 모색 중인 것으로 알려졌다.

영국 런던에 본부를 두고 있는 '웹루츠 데모크라시(WebRoots Democracy)'는 기술과 민주적 참여의 교차점에 초점을 맞춘 청년 주도형 싱크탱크이다. 이 단체의 대표 아리크 차우더리는 웹사이트를 통해 자신들이 영국의 현대화 및 강화, 그리고 미래에 대비한 민주주의를 돕는 것을 목표로 하고 있다고 밝혔다. 이 단체는 온라인 투표를 통한 민주주의 발전에 초점을 맞춘 '크라토스 프로젝트(Cratos Project)'를 운영하며, 온라인 투표 시스템의 향상과 세계적인 보급에 노력하고 있다. 웹루츠 데모크라시는 최근 블록체인에 기반한 온라인 투표 시스템 개발·평가 등에 주력하고 있다.

블록체인은 일부일 뿐

일본 도쿄대학교 전기공학 및 정보시스템학부 연구팀은 블록체인 기반 투표의 장점으로 전체 데이터베이스 저장 노드(node)가 완전히 분산됨에 따라 기존 데이터베이스에 비해 높은 가용성, 누구나 해시(hash)*를 계산해서 확인할 수 있는 검증 가능성, 모든 블록은 재계산되어야 하므로 체인의 오래된 값을 변경하기 어려운 무결성 등을 들고 있다.[8]

블록체인 기반 온라인 투표의 기반을 이루는 기술이 빠르게 발전하면서 최근에는 관련 논의가 더욱 구체화하고 있는데, 그중에서도 이더리움(ethereum) 블록체인의 스마트 계약 기술에 관심이 높다. 블록체인이 처음 세상에 소개된 이후 가장 발전적이고 혁신적인 기술로 평가되는 이더리움의 스마트 계약 기술은 블록체인에 대한 제한적 인식을 바꾸는 데 도움이 되었을 뿐만 아니라 블록체인의 활용 가능성을 크게 확장한 것으로 평가된다.

튀르키예의 도쿠즈에이뤌대학 컴퓨터공학과 연구팀은 전자투표를 위한 시도가 증가하고는 있지만 전통적인 선거의 보안 기능과 개인정보 보호 기능을 제공하지 못하거나 확장성 문제를 드러내고 있다고 지적하면서, 반면에 이더리움 블록체인의 스마트 계약 기술 기반의 전자투표 솔루션은 유권자의 개인정보 보호, 투표의 무결성, 검증, 개표의 투명성 등 거의 모든 문제를 해결할 수 있다고 강조했다.[9]

그러나 블록체인만으로 해결할 수 없는 속성도 있다. 예를 들어

---

* 데이터의 검색과 저장을 빠르게 할 수 있게 임의의 길이를 갖는 임의의 데이터를 고정된 길이의 데이터로 만드는 함수이다.

유권자의 인증은 생체 측정 요소의 사용과 같은 추가적인 통합 체계가 필요하다. 즉 블록체인을 이용한 투표는 흔히 논의되는 것보다 엄청나게 광범위하고 규모가 큰 네트워크가 필요하다는 것이다.

게다가 세상의 디지털 환경은 하루가 다르게 발전하고 있다. 사물인터넷(IoT)이라는 개념을 가진 오늘날의 연결된(connected) 세상에서는 기존 컴퓨터뿐만 아니라 수많은 비컴퓨터 기기가 인터넷에 접속하고 있다. 현재 블록체인의 사용 적합성 확대를 위해 스마트폰 등 휴대전화 애플리케이션을 계속 개발하고 있지만, 전화와 태블릿뿐만 아니라 에어컨, 자동차, 가구, 옷, 냉장고, 텔레비전 등 많은 일상의 기기에서 인터넷에 직접 접속할 수 있다.

전문가들은 블록체인 투표 측면에서 이렇게 큰 네트워크와 예비 처리 능력이 있을 때 이를 바탕으로 탈중앙화 시스템을 구축하기는 어렵지 않을 것으로 보고 있다. 더욱이 이러한 모든 기기가 하나의 블록체인에서 **트랜잭션**(transaction)*의 유효성 확인 시간을 단축하기 위해 함께 작동한다면, 투표 외에도 대부분의 온라인 트랜잭션을 이론만이 아니라 실제로도 안전하고 신뢰할 수 있으며 효과적으로 수행할 수 있을 것이라는 전망이다.

미국 브루킹스연구소는 선거에 블록체인을 사용한다는 아이디어

---

* 데이터베이스의 상태를 변화시키기 위해서 수행하는 작업의 단위이다. 블록체인의 트랜잭션은 거래의 기록 단위를 뜻하는데, 블록체인 네트워크에서의 모든 활동은 트랜잭션을 통해 이루어진다. 예를 들어 누군가 다른 사람에게 비트코인 한 개를 전송하면 전송자의 잔액에서 한 개가 줄고 수신자의 잔액은 한 개가 늘어났다는 기록이다.

가 실험 이상의 가치가 있는 것으로 평가했다. 안전하고 검증된 인터페이스를 사용하는 모바일 투표는 미국과 한국에서 발생했던 부정선거 논란을 피하면서 투표율을 높이는 효과도 기대할 수 있다는 것이다. 게다가 더 투명한 선거관리를 하면서도 선거 비용을 절감하고, 개표를 빠르고 정확하게 하는 등 많은 장점이 있는 것으로 평가했다.

그러나 이러한 긍정적 평가와 달리 블록체인 기술을 선거에 이용하기에는 아직 보안 문제 등 해결해야 할 과제가 많다는 이유에서 시기상조라는 미 국립과학공학의학아카데미(NASEM)의 반론도 있다.

이미 세계 여러 국가와 지방정부 등에서 블록체인을 이용한 투표를 시도하고 있으며, 관련 논의가 활발히 이루어지고 있다. 일각에서는 블록체인 투표를 선거제도의 문제점을 한번에 해결해줄 수 있는 만병통치약처럼 말하기도 한다. 그러나 블록체인 투표는 이제 막 첫걸음을 옮긴 단계로, 해결해야 할 문제가 한둘이 아니다. 성급함보다는 좀 더 폭넓고 깊이 있는 연구와 논의가 이어져야 할 것이다.

블록체인 투표의 한계와 과제

미국의 여러 지역에서 유권자 투표권을 제한하는 새로운 법률이 제정되었거나 제정 작업을 진행하고 있다. 2020년 대통령 선거에서 패한 공화당이 논란이 되었던 우편투표 등을 제한하는 법안을 추진 중이고, 이에 대한 반발도 심한 상황이다. 약 30개 주에서 이러한 법안을 공화당이 추진하고 있는데, 이 때문에 미국 프로야구 메이저리그는 2021년 애틀랜타에서 열리기로 했던 올스타전을 투표 제한법을 추진하는 조지아주에서 열지 않겠다고 하며 개최지를 옮기는 등 갈등이 계속되고 있다.

여러 주에서 공화당은 투표 접근을 더 엄격하게 하는 수백 건의 법안을 발의한 상태이고, 그중 상당수는 느슨한 선거법이 투표 사기를 불러와 2020년 대선을 오염시켰다는 도널드 트럼프 전 대통령의 주장을 반영하고 있다.

선거 원칙 위반 우려

기존 온라인 투표 방식에 대해 공통으로 제기되는 장단점들이 있다. 한국인터넷정보학회의 연구는 온라인 투표의 장점으로 투표의 편리성과 투표율 향상, 투표 관리 업무의 효율성 증대 등을 들고 있으며, 단점으로는 보안 문제 및 신뢰 확보의 문제(직접선거 원칙 위반), 투표의 비밀 보장 문제(비밀선거 원칙 위반), 그리고 디지털 격차의 문제(평등선거의 원칙 위반) 등을 지적하고 있다.[10] 이러한 온라인 투표의 장단점은 블록체인을 이용한 투표에서도 비슷하게 나타날 수 있다. 또 블록체인 기술 자체가 아직 초기 단계 기술인 만큼 기술적 문제들이 다양하게 추가될 수 있다.

미국의 국립과학공학의학아카데미는 블록체인의 가장 중요한 특성이자 장점이 '탈중앙화'이지만 투표를 통한 선거행위는 본질적으로 중앙집중화된 것이라고 지적했다. 즉 비록 블록체인이 탈중앙화된 응용 프로그램에 효과적이겠지만, 선거 관리자들이 투표용지의 내용을 정의하고, 유권자 명부를 확인하며, 투표 기간을 지키도록 요구하는 활동 등은 본질적으로 중앙집중 또는 중앙집권적이라는 것이다.

안전하고 신뢰할 수 있는 투표에서 가장 중요한 것은 이러한 과정을 탈중앙화된 방식으로 처리하는 것이 아니라 검증할 수 있게 수행하는 것이다. 블록체인 위에 기록된 투표들은 전자적이다. 종이로 된 투표용지는 유권자가 직접 검증할 수 있지만, 전자 투표용지(즉 블록체인 투표용지)는 검증하기 더 어려울 수 있다. 블록체인 기록물을 검토하도록 설계된 소프트웨어가 손상된다면 검증 가능성을 기대하기 어려워지기 때문이다.

일단 구현된 블록체인 투표 시스템은 악의적인 행위자들에게 새로운 공격 지점이 될 수 있다. 예를 들어 **블록체인 채굴자*** 또는 이해관계자(블록체인에서 항목을 추가하는 사람)는 추가되는 항목을 통제할 수 있는 재량권을 가지게 된다. 이러한 재량권을 이용해 그들은 특정 지역 또는 계층 등의 투표에 압력을 가할 수 있다.

* 블록체인을 구성하는 블록은 컴퓨터를 이용한 대규모의 계산을 수행해서 만드는데, 여기에는 컴퓨터 장비, 전기 등 막대한 자원이 필요하다. 따라서 이러한 자원을 투자해 블록을 만드는 작업, 즉 채굴을 하는 작업자에게는 비트코인과 같은 보상이 주어진다.

게다가 블록체인 프로토콜(protocol, 통신규약)은 일반적으로 채굴자 및 이해관계자 사이에 일치된 결과를 만들어낸다. 그런데 이 합의는 유권자 대중의 투표를 통해 이루어진 합의를 나타내지 못할 수도 있다. 그뿐만 아니라 충분한 힘을 가진 채굴자와 이해관계자가 이루어진 합의에 대한 의문을 제기함으로써 블록체인 시스템에 대한 혼란과 불확실성을 부추길 수도 있다.

신뢰, 보안이 우선 과제

이러한 점에서 선거관리 기관에 대한 유권자의 신뢰가 우선 보장되어야 한다. 특히 블록체인 투표는 비밀번호 키 생성, 메시지 암호화, 해시 계산, 데이터 서명, 블록체인 네트워크로의 투표 기록 전송 등 유권자 쪽에서 처리해야 할 것이 많은데, 결국 이것들을 선거관리 기관이 책임지고 수행해야 하기 때문이다.

블록체인 투표에서 보안의 핵심인 비밀번호 키의 생성과 관리 등을 제3의 기관이나 업체에 맡긴다면 선거관리 기관과 유권자가 아닌 제3자가 투표 내용을 볼 수 있게 된다. 즉 선거의 기본 원칙인 '비밀투표' 원칙에 위반된다. 또 투표 결과가 유출되면 선거 자체가 무효화되면서 국가적 혼란으로 이어질 수도 있다.

일본 도쿄대학교 전기공학 및 정보시스템학부 연구팀은 기존 비트코인 블록체인을 투표에 활용할 때 예상되는 익명성과 작업증명(PoW) 방식의 개선책을 제시했으며,[11] 현재 프로토콜의 익명성 개선을 위해 **대시(dash) 블록체인**[*] 등에서 새로운 프로젝트가 진행 중이다. 또 다른 노드의 개입 없이 트랜잭션을 혼합하기 위해 블라인드 서명, **동형태 암호화**(homomorphic encryption)^{**}, **믹스 네츠**(mix-nets)^{***} 기술 등이 고려된다.

비트코인 블록체인의 전형적인 작업증명 방식이 투표 프로토콜에 적합하지 않다는 지적도 있다. 특히 막강한 컴퓨팅파워를 보유한 조직이 이른바 '51퍼센트 공격'을 감행할 가능성을 무시할 수 없다. 이를 통해 충분한 해시파워를 갖춘 채굴자는 자신이 원하는 대로 블록체인을 다시 구성할 수 있기 때문이다. 도쿄대학 연구팀은 블록체인의 무결성 보장을 위해 다음 블록을 채굴할 노드를 무작위로 선택하도록 하는 방식을 제안하고 있다.

튀르키예의 도쿠즈에이륄대학 연구팀은 코인의 유효성 검증이 주목적인 비트코인에 비해 이더리움 블록체인 네트워크의 스마트 계약 기술이 더욱 광범위한 사용 사례들을 가능하게 한다고 강조했다. 무엇보다 이더리움 네트워크의 스마트 계약은 웹 서버를 사용

---

* 개인정보 보호에 초점을 맞춤으로써 익명성을 강화한 블록체인으로 자체 암호화폐 디지털캐시(digital cash)의 약자인 대시(DASH)를 발행한다. 안전한 오픈 소스(open source, 무상으로 공개된 소스코드 또는 소프트웨어) 플랫폼에서 온라인 또는 오프라인 결제가 즉시 가능하도록 설계되었다.

** 정보를 암호화한 상태에서 각종 계산을 했을 때, 그 결과가 암호화하지 않은 상태의 계산 결과와 같게 나오는 4세대 암호체계이다. 데이터 사용 환경에 보안 키를 저장하지 않기 때문에 암호화한 데이터만 이용해 계산하도록 해서 데이터 유출을 막는다.

*** 믹스 네트워크(mix network)라고도 하며, 여러 전송자가 보낸 메시지를 받은 후 다른 대상에게 다시 전송할 때 메시지를 무작위로 섞어 보내서 추적을 어렵게 만든 통신 프로토콜(규약)이다.

사용자가 먼저 암호를 해독하지 않고, 암호화된 데이터 계산을 수행하게 하는 암호화의 한 형태가 동형태 또는 동형 암호화이다.

하지 않기 때문에 소프트웨어의 소스 코드를 의도적으로 조작하거나 손상하는 것이 아예 불가능하지 않지만 매우 어렵다는 것이다.[12]

온라인 투표, 특히 새로운 기술인 블록체인 방식을 활용한 온라인 투표를 제대로 실시하려면 무엇보다 그 선거가 완전하게 투명하고 신뢰할 수 있다는 것부터 증명해야 한다. 온라인 투표를 통한 투표율의 증대, 관리 비용의 절감 등 장점을 보여주는 것은 그다음의 문제이다.

표 하나하나가 중복되지 않은 실제 유권자가 행사하고 정확히 집계된다는 사실에 대한 신뢰가 가장 중요하다. 그러나 현재로서는 이러한 신뢰에 이르기까지 갈 길이 한참 멀다. 퍼블릭 블록체인과 프라이빗 블록체인 중 어떤 방식을 이용할 것인가에 대해 합의하는 것부터 간단한 문제가 아니다. 이처럼 기본적인 논의조차 이루어지지 못한 상황에서 블록체인이 기존 투표와 선거의 문제, 즉 관리, 비용, 투명성, 신뢰성 등을 완벽하게 해결하기를 기대하는 것은 무리이다.

블록체인, 정부 기능을 바꾼다

블록체인 기술을 이용한 선거는 블록체인을 이용하는 정치에서 단편적인 부분이라고 할 수 있다. 정치과정은 물론 정부의 행정 및 공공 서비스 전반에 걸쳐 블록체인을 이용하고 이를 통해 기대할 수 있는 혜택은 생각보다 매우 광범위하며, 앞으로 그 범위의 확대 가능성 역시 상상을 초월할 전망이다.

뉴질랜드 캔터베리대학 경영대 연구팀은, 블록체인 기술이 지닌 정부의 효율성을 높일 수 있는 해결 기능으로 기록 관리, 정보의 비대칭 문제, 도덕적 해이 방지 등을 들고 있다.[13] 그런데 정부 행정에서 이 세 가지는 분리되기보다 그 수행 과정에서 연결되고 상호작용한다.

여기서 이 세 가지 기능과 관련한 문제를 현재 블록체인이 구현되고 있는 사례를 중심으로 살펴보기로 한다.

데이터 관리에 강점

기록 관리에 블록체인 기술을 활용하는 것에 대해 현재 가장 활발하게 논의되는 곳은 의료 분야라고 할 수 있다. 블록체인 기술이 의료 분야에서 효율적이고 안전한 수단을 제공할 것이라는 기대는 초기부터 계속되었으며, 이미 상당한 발전도 이루었다. 의료계에는 글로벌 의료 체계의 발전을 위해 블록체인 기술을 기반으로 하는 검증 및 신뢰성을 높이는 해결책이 더욱 필요하다.

의료산업의 공급망은 건강에 직결되는 만큼 다른 분야보다 특히 민감한 문제를 안고 있다. 그중에서도 근본적인 것은 신뢰의 문제이다. 의료산업 공급망의 신뢰 향상을 위해서는 강력한 의사소통, 높은 수준의 투명성, 책임감 등이 필요한데 블록체인, 즉 **분산원장기술**(distributed ledger technology)*은 이 문제 해결에 매우 적합한 것으로 평가된다. 그뿐만 아니라 블록체인 기술을 이용한 글로벌 의료 네트워크는 종이에 환자의 상태를 기록하는 기존의 방식을 획기적으로 변화시킨다. 또 블록체인 네트워크는 의료 관련 중요 정보를 보호하고 데이터의 변조 또는 제거를 방지하기 위해 사용할 수 있다.

미국 메디케어 및 메디케이드 서비스 센터의 조사에 따르면, 저소득층에게 제공되는 정부 지원 건강보험인 메디케어 관련 정보의 절

---

* 연쇄적으로 연결된 블록에 데이터를 저장하고 네트워크의 합의 없이 체인을 삭제하거나 수정할 수 없도록 함으로써 보안을 유지하는 기술. 비트코인 등 암호화폐의 기반 기술로 알려졌지만, 금융, 부동산, 소매, 미디어 등 광범위한 분야에서 이용 방법이 개발되고 있다.

반 이상에 오류가 있는 것으로 나타났다. 이러한 문제는 정부의 막대한 보건 예산 낭비와 미국 국민의 과도한 보험료 및 세금 부담으로 이어져 결국 국가 경제에 손실을 초래하는 것으로 분석되었다. 또 미국의 건강보험 제공자들은 관련 데이터 저장에 매년 21억 달러까지 지출하고 있는데, 블록체인 네트워크를 통한 데이터 공유로 상당한 비용이 절감될 전망이다.

테러 등 범죄 예방에 세계 어느 나라보다 많이 투자하고 있는 미국 정부는 공항 등을 통해 국내에 들어오는 여행객의 생체 정보 추적에 블록체인을 이용하는 방법에 관심을 갖고 있다. 미 세관국경보호국(CBP)은 2018년 뉴욕에서 열린 한 행사에서 생체 추적 기술에 블록체인을 이용하는 것이 여행 보안 분야의 '킬러 애플리케이션*'이 될 것이라고 밝혔다. CBP 관계자는 "우리가 큰 성공을 거둔 분야 중 하나는 얼굴 비교와 생체 측정 데이터로, 미국 입국을 원하는 개인이 누구인지를 확인하기 위해 만든 서비스가 있다. 앞으로 검증할 자료를 더 확보할 수 있다면 우리에게 큰 도움이 될 것"이라고 말했다. 그는 또한 여러 조직이 통신할 수 있는 블록체인 시스템 간의 표준화된 규격 개발 등 해결해야 할 중요한 과제도 많다고 지적했다.[14]

공급망 등에서의 기록 관리와 정보 비대칭성 해소 문제 등을 해

---

* 킬러 앱(killer app)이라고도 하며, 시장에 나오면서 곧바로 경쟁 상품을 압도하며 시장을 재편하는 인기로 엄청난 수익을 올리는 컴퓨터 소프트웨어 등의 상품을 의미한다. 예를 들어, 문자 메시지에서 모바일 인터넷을 활용한 메시지 전송 시대를 만든 카카오톡, 게임 소프트웨어 스타크래프트 등이 있다.

결하기 위해 블록체인 기술을 이용하는 것은 미국뿐만 아니라 세계적인 경향이다. 러시아 교육과학부는 천연다이아몬드 이력 추적을 위한 블록체인 플랫폼을 도입했다. 이에 따라 새로운 블록체인 다이아몬드 추적 기술이 원석 채굴부터 가공, 최종 소비자에 이르기까지 공급망 전 과정에서 다이아몬드 상품의 신뢰성을 보장할 수 있게 되었다는 것이다.

정보기술과 블록체인을 기반으로 한 새로운 시스템은 다이아몬드 시장에 뒤섞여 있는 합성 제품들로 인한 소비자의 피해 방지가 목적이라고 한다. 즉 새로운 시스템에서는 각 다이아몬드에 분산원장을 이용해 디지털 코드를 부여하고 이 코드를 모든 시장 참가자가 공유한다. 또한 이 시스템은 소유권 이전을 기록할 수 있으며, 모든 거래의 추적을 통해 위조나 변조 등이 감지되면 즉시 이를 알릴 수 있다.[15]

칠레 재무부 산하 일반재무국(TGR)은 2018년 10월 칠레 대통령 직속 디지털 정부 사무국과 협력해 시민, 금융 중개인, 공급업체를 연결하는 블록체인 플랫폼 개발 계획을 발표했다. 칠레 정부의 발표에 따르면, 이 플랫폼은 칠레의 공공기관에서 처리하는 세금, 특허 수수료 등의 결제 내용을 모두 블록체인에 기록하는 방식으로 운영된다. TGR은 새로운 플랫폼이 정부와 기관 및 은행에서 공통으로 사용하는 데이터베이스에서 데이터 불일치 문제를 제거하고, 지불에 소요되는 시간을 줄이며, 운영 비용을 절감하는 것은 물론 보안

수준의 향상에 도움이 될 것이라고 전망했다.[16]

데이터 정확성 보장 우선

난민 지원 등 인도주의적 문제에도 블록체인 기술이 다양하게 활용될 수 있다. 블록체인 기술은 전 세계적인 인도주의 노력으로 확대되고 있으며, 이미 현장에서 사용되고 있다. 이 기술은 난민의 생체인식, 건강 데이터 관리 등은 물론 기부자의 컴퓨터를 암호화폐 채굴에 이용하는 방식으로 새로운 기금 모금을 가능하게 한다.

세계식량계획(WFP)은 블록체인 기술을 이용해 기부를 위한 자금 이체를 안전하게 하고 보안을 향상시키는 성과를 얻었다. 이러한 유형의 기부 활동은 직접 식량이나 물을 지원하는 것보다 난민에게 유용하다는 평가를 받고 있다. 실제 경제 활용을 위한 현금을 새로운 방식으로 지원함으로써 개인의 신뢰 회복과 함께 지역 경제의 활성화 효과까지 거둘 수 있기 때문이다. 이외에도 블록체인 기술은 미술품 등 예술품 거래, 저작권 보호와 관리, 온라인 게임 등에 다양하고 폭넓게 활용되며 그 영역을 빠르게 넓히고 있다.

이처럼 세계 각국에서는 블록체인 기술을 공공 행정 서비스에 도입해 기록 관리 능력을 향상하고 정보의 비대칭성과 도덕적 해이에 따른 문제 해결에 이용하려는 시도를 확대하고 있다. 그런데 여기에서 중요한 것은 블록체인 기술이 아무리 발달해도 그것에 입력되는 데이터의 정확성 보장이 선행되어야 한다는 사실이다. 따라서 블록체인 기술의 도입 이전에 어떤 데이터의 입력 과정이든 자동화하거나 최대한 간단하게 만들어 데이터 오류의 가능성을 줄이는 노력부터 실행할 필요가 있다.

정부에 블록체인은 양날의 검?

세상에 새롭게 등장하는 다른 기술들과 마찬가지로 블록체인 기술에도 여러 장점과 함께 반드시 고려해야 할 단점도 많다. 따라서 새로운 기술을 도입하려는 정책 결정자들은 장단점 사이에서 예상할 수 있는 수익과 손실 요소부터 먼저 분석해야 한다.

블록체인 기술의 수용이 본격화할 시기에 대비해 미리 고려할 정책적 과제로는 먼저 어떤 블록체인을 선택할 것인가, 즉 퍼블릭 블록체인과 프라이빗 블록체인의 특성과 차이를 이해하고 선택하는 것이다. 특히 정부 등에서 보유하고 있는 공공 데이터 기록이 현재의 중앙집중식 시스템에서 퍼블릭 블록체인 시스템으로 전환될 때 사생활, 저작권 등의 보호 문제가 중요하게 떠오른다.

퍼블릭 블록체인을 정부 등에서 도입할 때 예상되는 문제의 대안으로 프라이빗 블록체인을 선택하기도 쉽지 않다. 프라이빗 블록체인은 좀 더 다양한 방식의 구현이 가능하지만 광범위하게 수용하려면 특수 장비가 필요하며 이에 따른 운영 비용 등의 부담이 커져서 효율성 문제로 신기술 도입의 의미가 사라질 수 있다.

일반 대중이 이용할 수 있는 퍼블릭 블록체인은 현재의 인터넷과 비슷하게 누구나 데이터를 볼 수 있다. 이러한 퍼블릭 블록체인의 특성은 누구나 기록된 정보를 쉽게 이용할 수 있고, 그 과정에서 발생하는 비용이 절감된다. 그러나 퍼블릭 블록체인의 이러한 점은 장점인 동시에 단점으로 작용할 수 있다.

퍼블릭 블록체인은 두 가지 고유한 특성 때문에 **정보 프라이버시**[*]를 위태롭게 할 수 있다. 첫째, 블록체인 기술은 추가 전용 데이터 프로세스에 의존한다. 따라서 어떤 정보도 제거할 수 없다. 둘째, 퍼블릭 블록체인은 전체 노드 네트워크가 동일한 정보를 기록하는 분산 데이터 저장 시스템에 의존한다. 따라서 모든 정보의 변경은 실질적으로 전체 네트워크의 동의를 받아야 한다.

'잊힐 권리'의 보장

블록체인에서의 정보 제거는 불가능하지는 않더라도 매우 어렵다. 따라서 블록체인에 기록된 정보의 통제는 핵심 문제가 된다. 사용자가 민감한 정보나 개인정보를 기록하게 되면 개인정보 보호를 위한 정책을 모색하는 일이 어려워지고 심지어 그 방법을 찾지 못할 수도 있다.

───────────

[*] 개인이나 집단에 관한 정보를 다른 사람들에게 선택적으로 공개할 수 있는 권리를 말한다. 개인정보의 공개, 사용 등에 관한 결정권이 전적으로 개인정보의 주인에게 있다는 원칙이다.

인터넷상 정보의 변경이나 삭제와 관련해 유럽에서는 1995년 '잊힐 권리(right to be forgotten)'에 대한 논의가 본격화했고, 2014년 유럽 사법재판소에서 그 범위를 정하는 데 기준이 되는 판례가 나왔다. 이 문제는 퍼블릭 블록체인에서도 사실상 논쟁거리이다. 퍼블릭 블록체인을 공공 행정 등에 도입할 경우 '잊힐 권리'를 어떻게 보장할 것인지는 간단한 문제가 아니기 때문이다.

현재의 인터넷과 같은 중앙집중식 시스템에서 법원은 이용자의 요구에 따라 중앙 서버에 있는 정보를 삭제하도록 명령할 수 있다. 그러나 탈중앙화된 블록체인 시스템에서는 여러 노드가 동일한 정보 노드의 사본을 가지고 있으며, 이는 법원의 관할권 밖에 있을 수 있다. 따라서 법원이 내린 정보 삭제 명령의 시행이 불가능하지는 않더라도 복잡하다.

게다가 블록체인 설계의 불변성 때문에 정보가 남아 있을 수도 있다. 퍼블릭 블록체인의 분산적이고 영구적인 성격은 예상치 못했던 문제를 일으키기도 한다. 앞서 언급했듯이 퍼블릭 블록체인의 모든 노드는 동일한 정보를 저장하고 있다. 따라서 저작권 침해나 불법 음란물 등 불법 정보가 블록체인에 기록된 경우 이론적으로 모든 노드 소유자가 이에 대한 책임에서 자유롭지 못할 수 있다.

아직 방식 선택도 못 해

이와 같은 퍼블릭 블록체인에서 예상되는 문제를 피하고자 정부 등 공공기관에서는 프라이빗 블록체인을 대안으로 고려하기도 한다. 프라이빗 블록체인은 승인받은 이용자만 기록된 정보에 접근 가능하다는 점에서 기존 인터넷이나 사설 네트워크와 유사한 면이 있다. 이러한 성격은 정부에 더 많은 이익이 될 수 있다.

그러나 각급 정부가 프라이빗 블록체인을 공공행정 서비스에 구현하려면 생각보다 많은 비용이 들 수 있으므로 이에 대한 비용 – 편익 분석을 해야 한다. 미국 버몬트주는 주정부 기록 관리 시스템에 프라이빗 블록체인을 도입하기 위한 사전 작업으로 비용 – 편익을 분석했는데, 기술 도입에 따른 이익이 소요 비용보다 많지 않다는 결론을 얻었다.

정부가 통제하는 프라이빗 블록체인에는 퍼블릭 블록체인인 비트코인 네트워크만큼 대규모 네트워크가 필요하지 않을 수 있으며 그에 따라 운영 비용도 낮아질 수 있다. 그러나 블록체인 시스템의 중복성 때문에 현재의 중앙집중식 시스템보다 운영 비용이 더 많이 소요될 것으로 보인다. 게다가 모든 기록 시스템을 블록체인으로 전환하고 많은 인구를 대상으로 서비스하는 데 필요한 수준으로 확장하는 것은 상당한 비용이 들고 에너지 소비에 따른 환경 문제도 초래할 수 있다.

정부 행정 서비스에 블록체인 도입을 주장하는 사람들은 블록체인 기술의 효과로 기대되는 효율성에 따른 혜택, 채굴 과정에서 발생하는 열에너지의 재활용 가능성 등을 제시하기도 한다. 하지만 블록체인 기술을 정부 행정에서 구현하기 위해서는 블록체인의 방식을 선택하는 것부터 간단한 문제가 아니다.

블록체인과 암호화폐 규제

수많은 실용적 기술의 기반이 되는 기술인 블록체인은 비트코인과 같은 암호화폐에서 다양한 수준의 투표에 이르기까지 여러 면에서 중간 단계를 제거하고 원장에 기반한 처리의 효율을 높이는 능력을 입증해왔다. 이미 많은 국가에서 블록체인 기반 기술은 투명한 거래의 기회를 제공해 부패를 줄이고 신뢰를 촉진하고 있다.

그러나 지금까지 블록체인에 관한 많은 연구가 장점에 초점을 맞추고 있지만, 본질적인 위험에 더 많은 주의가 필요하다. 이러한 문제는 전반적인 인프라와 기술이 발달한 선진국에서부터 저개발 국가에 이르기까지 예외가 없다. 일반적으로 저개발 국가에서 문제가 더 두드러질 수 있겠지만 기술의 발달을 국민 의식이 못 따라가는 국가에서는 더 심각한 문제를 일으킬 수도 있다.

분산화 아닌 집중화

블록체인 기술의 적용에서 가장 우려되는 것은 한 채굴자가 블록체인을 장악하고 이전에 거래한 코인을 자신의 계좌로 이중 지불할 수 있는 '51퍼센트 공격'의 가능성이다. 이러한 문제는 블록체인에서 새로운 블록을 만들기 위한 경쟁이 소수의 대형 채굴자들에 의해 이루어지는 채굴의 중앙집중화 경향 때문에 발생한다.

특히 정부가 거래를 조작할 의도를 지니고 있다면 정부는 검증 단계에서 처리를 지연시킬 수 있으며, 정부가 지원하는 채굴자들이 **타임스탬프**(time stamp)* 제공 시점을 조작하거나 **디도스**(DDos) **공격****으로 다수결 합의 규칙을 조작할 수 있다. 정부가 프라이빗 또는 반프라이빗 블록체인의 효과성 제한을 허용하면 그 가능성은 더욱 크다.

블록체인의 검증 과정은 컴퓨터의 성능을 높이거나 수학 방정식을 풀기 위해 특별히 설계된 장치를 사용하는 채굴자에 의해 이루어진다. 그렇게 함으로써 채굴자는 미리 결정된 금액인 비트코인(또는 다른 어떤 암호화폐)의 형태로 보상을 받는다. 그리고 이 과정에서 데이터를 암호로 밀봉된 블록 상수로 작성하는 데 필요한 시간을 유지하기 위해 난이도가 계속 높아진다.

이러한 수학 문제를 풀기 위한 채굴자의 접근을 제한하는 것은 정부가 자신의 목적에 블록체인 기술을 이용하는 방법이 될 수 있다. 채굴자가 이러한 문제를 풀려면 상당한 자원, 특히 전기가 필요한데

---

* 사무실 등에서 문서를 받은 날짜를 기록하기 위해 사용하는 고무 스탬프에서 유래된 용어로, 특정 사건, 활동이 발생한 시기를 식별하는 일련의 문자 또는 인코딩된 정보를 말한다. 일반적으로 날짜 및 시간, 때로는 아주 짧은 시간까지 기록하기도 한다.

** 분산 서비스 거부 공격(Distributed Denial of Service Attack)의 약칭으로, 시스템을 악의적으로 공격하여 해당 시스템의 자원을 부족하게 만들어서 원래 목적으로 사용하지 못하게 하는 공격이다.

(전 세계 채굴자는 미국의 340만 가구 이상이 사용하는 전력을 소비한다),
이는 정부에 유리한 조건이 될 수 있다. 실제로 중국, 러시아 등 정
부는 전력 사용 제한을 통해 채굴자를 통제하는 것으로 알려졌다.

정부에 의한 블록체인 기술의 이용에서는 계약법상 문제가 발생
할 가능성도 고려해야 한다. 블록체인 기술은 자체적인 디지털 계약
을 이용해 계약법의 적용을 크게 바꿀 수 있는 잠재력이 있기 때문
이다. 블록체인 기술은 중간 단계의 개입을 통해 계약이 성공적으로
충족되었는지 검증할 필요가 없다는 장점이 있다. 하지만 실제 계약
과 디지털 계약 사이에 불일치가 발생할 수 있다면 스마트 계약의 법
적·기술적 영향을 고려할 필요가 있다.

정부 역할의 한계

블록체인 기술의 핵심 중 하나인 '스마트 계약(smart contract)'은 계
약서에 미리 정해진 조건을 자동으로 실행할 수 있는 컴퓨터 프로
그램을 의미한다. 예를 들어, 계약 당사자 간 스마트 계약에서 사전
에 구성한 조건이 충족되면 계약당 자동으로 지불되는 등의 처리가
이루어지며 이해당사자는 이를 확인할 수 있다. 그러나 정부 정책에
따라서는 이러한 계약이 정부의 승인 단계를 거치지 않으면 무효라
고 판단할 수도 있다. 이 경우 블록체인의 스마트 계약이 지닌 장점
이 근본적으로 사라질 수 있다.

여기에서 중요한 문제는 정부 역할의 한계에 따라 스마트 계약이

효과적일 수 없게 된다는 점이다. 물론 스마트 계약의 설계, 검증, 구현 및 시행 등에 관해 많은 조정과 명확성이 필요하다. 그러나 일부 국가에서 계약법이 집행되는 상황을 보면 정부가 계약 전반에 개입할 수 있는 권한을 쉽게 포기할 가능성은 거의 없다. 실제로 많은 정부가 기존 계약법과 관련한 규제의 개정을 국가 주권에 대한 위협으로 받아들이고 있다. 블록체인 기술도 예외가 아니다.

불확실한 법적 틀과 정부 규제도 해결해야 할 과제로 꼽힌다. 블록체인 해결책은 채굴자에게 보상하거나 거래를 기록하기 위해 암호화폐가 필요하므로 비트코인 등 암호화폐가 합법적인 교환 수단이 될 수 있도록 규제 체계를 조정해야 한다. 따라서 암호화폐에 대한 명확한 법적 규제가 마련되지 않은 한국에서 정부 부처가 블록체인 이용 정책들을 계속 추진하는 것은 정책의 기본 순서부터 잘못된 것이라고 할 수 있다.

정부의 블록체인 활용에 따른 또 다른 쟁점은 블록체인에서 발생하는 금융거래에 대한 과세 관행의 조정이다. 대부분 국가에서 익명의 사용자들 사이에 이루어진 금융거래를 추적하고 사용자 이외에 에어비앤비·우버 등과 같은 공유경제 기업에 정확하게 세금을 부과하는 것은 어려운 일이다. 이를 위해서는 소득세 과세 중심에서 소비세 중심으로의 세제 전환이 필요하지만, 이를 감당할 정도의 거래 추적 능력은 또 다른 기술적·법적 과제를 만들어낸다.

블록체인과 관련해서는 각국의 경제 선진화 정도와 상관없이 아직 해결되지 않은 기술적 문제가 여전히 많다. 한 가지 문제는 블록체인 원장의 크기와 관련 있다. 블록체인은 시간이 지남에 따라 성장하며 효과적인 기록 관리가 필요하다. 급속히 증가하는 블록체인의 규모 문제는 정부 규제에 의한 원장의 중앙집권화로 이어질 수 있으며, 이는 블록체인 기술의 미래에 중대한 영향을 미칠 것이다.

또한 블록체인의 규모 문제는 데이터 저장 문제로 이어진다. 블록체인은 거래 기록과 장치 ID를 저장할 중앙 서버가 필요하지 않지만, 원장을 노드 자체에 저장해야 한다. 그런데 많은 국가의 정부는 인터넷 등 온라인 통신과 관련한 지분을 가지고 있다. 이러한 노드에 대한 접근 제한은 정부의 개입으로 이루어질 수 있으며, 이는 블록체인의 효용성과 신뢰성에 영향을 미칠 수 있다.

블록체인 기술을 제대로 활용하면 정부가 돈세탁 등 금융범죄와 싸우는 수단이 될 수 있다. 블록체인은 또한 테러와 같은 범죄 활동을 위해 송금되는 자금의 추적에 사용될 수 있다. 아울러 기술을 적절히 사용하면 처음부터 끝까지 투명성 보장을 위한 추가적인 노력 없이 모든 거래를 기록할 수 있다. 그러나 정부가 그 과정에 개입해 투명성에 영향을 미친다면 블록체인의 도입 의미가 최소화될 가능성이 있다.

블록체인으로 '직접민주주의'를?

블록체인을 정치과정에 이용하는 것에 대한 기대는 곧 블록체인을 통한 민주주의 정치체제의 변화 가능성에 대한 기대라고 할 수 있다. 특히 블록체인이 현재의 대의제를 통한 간접민주주의를 오래 전부터 민주주의의 이상으로 여겼던 직접민주주의에 가깝도록 변화시킬 수 있을지 관심이 높아지고 있다.

민주주의의 오랜 역사를 거슬러 올라가면 고대 아테네 사회는 현재의 유형들보다 훨씬 더 직접적이고 참여적인 체제였다는 것을 알 수 있다. 그러나 플라톤은 『국가Republic』에서 아테네식 직접민주주의가 다수 의사의 왜곡과 불평등의 심화 등으로 이어질 가능성을 경고했다.

고대 아테네로부터 현대에 이르기까지 직접민주주의는 많은 사람이 이상적인 시스템으로 여기고 있지만, 플라톤의 지적처럼 오히려 정치를 망칠 가능성 또한 무시할 수 없다. 따라서 현행의 간접민주주의에 직접민주주의적 요소를 통합하는 방법으로 숙의민주주의, 이슈 기반 민주주의 등 다양한 시도가 계속되고 있다.

숙의민주주의의 가능성

숙의민주주의(deliberative democracy)는 말 그대로 '숙의' 또는 '심의'가 의사결정의 중심이 되는 민주주의 형식으로, 다수결 원칙과 합

스위스는 직접민주주의를 채택하고 있는 나라로, 사진은 글라우스주 주의회의 정책 발의를 유권자들이 직접 투표로 결정하는 장면이다.

의적 의사결정의 요소를 모두 포함한다는 점에서 통상적인 민주주의 개념과 차이가 있다. 숙의민주주의와 관련한 사례로 문재인 정부의 탈원전 정책 추진 과정에서 신고리 원전 5·6호기 공사 중단 문제 결정을 위해 이루어진 공론화위원회가 있다. 이는 한국에서 처음 시도된 숙의민주주의식 공론화라는 평가를 받기도 했다. 그러나 한편으로 고도의 전문적 결정을 일반 시민의 손에 맡기는 것에 대한 한계와 문제점이 그대로 드러나면서 정부의 책임 전가라는 지적을 받기도 했다.

오래전부터 세계 각국에서 논의·시도되었던 숙의민주주의적 방식이 이를 지지하는 사람들의 생각만큼 쉽게 정착하지 못하면서 보다 직접민주주의적 요소를 효과적으로 강화할 수 있는 방안에 관한 연구가 이어지고 있다. 이 과정에서 최근 정보과학기술의 발달과 함께 관심을 받는 것이 '이슈 기반 직접민주주의(issue based direct democracy, IBDD)'다.

IBDD에서 유권자는 모든 이슈에 대해 직접 투표하거나 자신의 투표권을 다른 사람에게 위임할 수 있는 권리가 있다. 또 유권자는 자신이 더 중요하게 생각하는 이슈에 대해 투표하기 위해 다른 이슈에 대한 투표를 포기할 수도 있다. 이처럼 이슈 사이에 발생하는 기회비용은 유권자의 표에 다른 가치를 부여해 표의 실질적 가치를 높이는 기능을 할 수 있다.

오스트레일리아의 플럭스(Flux)는 첨단 정보기술, 특히 블록체인 기술을 통한 IBDD를 추구하는 새로운 개념의 정당이라고 할 수 있다. 플럭스는 현행 입법부 자체를 IBDD 체계로 대체하려는 정치운동을 오스트레일리아뿐만 아니라 미국, 브라질 등 해외 조직들과 연계하는 방식으로 확대해가는 중이다. 플럭스는 진보·보수 등의 정치적 이념을 떠나 정치적 표현을 통해 진정한 정치적 힘의 분배를 목표로 한다. 크든 작든 모든 오스트레일리아인의 정치적 참여를 소중하게 여기며, 훌륭한 정책을 마련하기 위한 자율적이면서도 전문적인 시스템을 구축하고자 하는데, 이를 가능하게 하는 기반으로 첨단 온라인 기술, 특히 블록체인 기술을 활용한다.

또한 플럭스는 모든 사람이 의회의 역할과 기능에 참여할 수 있도록 재설계된 시스템을 통해 정치적 권력과 정책적 효율성을 추구한다. 그리고 자신의 목표 실현을 위한 핵심 도구로 플럭스의 모체라고 할 수 있는 블록체인 기반 투표 시스템 개발 스타트업 시큐어보트(Secure Vote)가 개발한 플럭스 애플리케이션을 보급하고 있다.

블록체인 등 첨단 기술을 기반으로 IBDD 보급을 위해 노력하는 플럭스는 모든 정치 참여자에게 직접 투표를 하거나 투표 기회를 남겨두는 등 좀 더 넓은 선택권을 허용하는 것에 더해서, 자신의 투표를 경우에 따라 철회할 기회까지 제공하라고 주장한다. 특정 정치인이나 정책에 대해 투표했더라도 나중에 자신의 표가 배신을 당했다고 판단되면 그것을 다시 가져올 수 있도록 하겠다는 것이다.

투표를 취소할 수 있다고?

실제로 한국뿐만 아니라 어느 나라 유권자나 크고 작은 선거에서 투표한 후 자신의 선택을 후회하는 경우가 비일비재하다. 특히 후보자의 능력이나 공약을 믿고 투표했는데 공약을 지키지 않거나 무능력을 드러낸 경우, 거짓말이나 부도덕한 행위 또는 범죄 등으로 유권자를 실망시키는 경우 등에 자신의 투표를 취소하고 그 기회를 다른 표로 행사하도록 한다는 것이 플럭스가 내세우는 IBDD 방식이다.

자신의 투표권을 남겨두고 다른 투표에 이를 이용하거나 이미 행사한 표를 철회하는 것은 현재의 선거 관리 시스템에서는 사실상 불가능하다. 그러나 블록체인 기술, 그중에서도 중앙에서 관리하는 프라이빗 블록체인을 이용한 시스템에서는 가능하다는 것이 플럭스의 주장이다.

오스트레일리아에서는 현재 플럭스 외에도 마이보트(MiVote)라는 시민단체가 블록체인 기반 모바일 투표 시스템을 이용한 숙의민주주의를 실험하고 있다. 이 단체는 블록체인 기반 마이보트 애플리케이션을 통해 오스트레일리아의 정치와 시민 생활에 중대한 영향을 미치는 이슈들에 대한 다양한 관점을 모두가 공유하는 정보 플랫폼의 제공이 그 목표라고 설명한다.

앞서 살펴본 사례들뿐만 아니라 세계적으로 블록체인 기술을 이용해 간접민주주의 체제에 직접민주주의적 요소를 통합하려는 연구와 시도가 계속되고 있다. 아직 기술적으로나 정책적으로, 그리고 참여자의 인식 등에서 걸음마 단계에도 못 미친다고 하겠지만 세상이 필요로 하는 공정하고 효율적인 민주주의 시스템 개발에서 블록체인 기술의 역할과 중요성은 날로 커지고 있는 만큼 이와 관련한 광범위하고도 심도 있는 연구가 더욱 필요하다.

암호화폐를 이용한 정치 후원금

블록체인 기술을 정치과정에 도입하기 위한 논의는 최근 매우 광범위한 영역에서 이루어지고 있다. 그중에서 블록체인을 선거 과정, 특히 투표에 이용하는 논의가 가장 많은 부분을 차지한다. 블록체인 기술을 기반으로 암호화폐를 이용한 정치 후원금 제도 역시 관심과 논란을 대상이 되고 있다.

자유민주주의 정치체제의 선거 과정에서 가장 민감한 문제로 꼽히는 것 중 하나가 바로 정치 후원금이다. 즉 선거에 필요한 돈을 충당하고 그 돈을 선거 비용으로 사용하는 과정에서의 투명성과 합법성 등에 관한 문제이다. 아무리 선거 공영제 원칙에 따라 정부의 예산으로 선거를 치른다고 해도 각 정당과 후보자는 별도의 자금을 투입해 선거 경쟁에서 살아남기 위해 노력한다.

비트코인 등의 암호화폐나 디지털화폐가 새로운 대안 화폐로 부상하면서 암호화폐를 이용한 개인 및 정당에 대한 정치 후원금 기부에 대한 관심이 높아지고 있다. 그러나 미국과 한국뿐만 아니라 세계 각국에서 암호화폐에 대한 명확한 규제의 틀이 마련되지 못한 상황인 만큼 국가의 진로에 직접 영향을 미치는 선거, 그리고 선거 과정에서 핵심적인 역할을 하는 정치자금에 암호화폐를 이용하는 문제는 정치권의 '뜨거운 감자'일 수밖에 없다.

갈팡질팡 암호화폐 후원금

그러다 보니 암호화폐를 정치 후원금으로 이용하는 문제는 정치권에서 다양한 갈등으로 비화하기도 한다. 미국 캘리포니아주에서는 2019년 비트코인으로 정치 후원금을 받는 후보와 암호화폐를 반대하는 상대 후보의 대결이 관심을 끌기도 했다.

버락 오바마 전 미국 대통령의 선임 보좌관으로 암호화폐 정책을 주도했으며, 연방 하원의원 선거 민주당 후보 경선에 출마한 브라이언 포드는 유권자에게 비트코인으로 후원금을 받으면서 이에 관한 TV 광고 등 선거 캠페인을 계속했다. 포드가 비트코인 후원금 모금을 시작하자 유명 투자자 마이크 노보그라츠 등 암호화폐 지지자들의 후원이 줄을 잇기도 했다.

이에 대해 경쟁자인 데이브 민 측은 포드의 비트코인 후원자들을 "마약 거래와 인신매매 단속에 반대하는 비트코인 투기꾼"으로 묘사하는 광고를 내보내면서 양 진영의 갈등이 격화되었다. 데이브 민은 한국계 미국인으로 미 증권거래위원회(SEC) 변호사를 역임한 법학 교수 출신이다.

민 측의 공격에 대해 포드는 자신이 비트코인으로 후원금을 받는 이유는 그것이 가장 발달하고 비전 있는 기술이기 때문이라고 주장했다. 또 그는 비트코인 후원금에 대한 이러한 공격과 같은 새로운 기술에 대한 사람들의 부족한 이해 때문에 자신이 의회에 진출하려는 것이라고 덧붙였다. 이처럼 암호화폐 후원금을 둘러싸고 충

2009년 개발된 암호화폐는 이름 그대로 온라인상에서 개인과 개인이 직접 돈을 주고받을 수 있도록 암호화한 가상자산이다.

돌했던 두 후보 모두 지역 민주당 후보 경선에서 탈락, 본선 진출에는 실패했다.

정치권을 중심으로 찬반 논란이 이어지고 있는 암호화폐 정치 후원금에 대해서 미국인은 긍정적인 입장이다. 2018년 여론조사기관 클로버(Clovr)가 실시한 조사에서 응답자의 60퍼센트가 정치 후원금에서 암호화폐를 일반 화폐와 똑같이 인정하는 것에 찬성했고, 반대한다는 응답자는 21퍼센트에 그쳤다.

더욱이 응답자의 54퍼센트는 암호화폐가 정치적인 기부를 하는데 충분히 안전하다는 생각을 밝혔다. 지지 정당별로 구분하면 공화당 지지자의 63퍼센트, 민주당 지지자의 52퍼센트, 무당파의 45

퍼센트가 암호화폐를 정치적으로 이용하는 것이 안전하다고 평가했다. 이 조사에서 특히 정치인이 관심을 가질 만한 부분은 응답자의 25퍼센트가 암호화폐로 정치 후원금을 기부할 수 있게 된다면 자신도 참여할 의향이 있다고 답한 것이다.

한편 암호화폐가 선거에 이용되는 것에 대한 유권자의 불안감도 이 조사에서 확인되었다. 응답자의 60퍼센트는 암호화폐를 통한 정치 후원금 기부로 미국의 선거에 외국의 개입이 커질 우려가 있다고 답했다. 또 62퍼센트는 암호화폐 후원금이 미국의 정치체제에서 불법적 활동을 높일 가능성이 있다는 의견을 냈다.

변동성에 따른 관리 문제

그러나 유권자들의 긍정적인 시각과 세계적으로 비트코인 등 암호화폐를 이용한 정치인 후원에 관심이 높아지는 것과 반대로 캘리포니아주에서는 선거를 앞두고 선거 후보자의 암호화폐 후원금 모금을 금지하는 결정이 내려졌다. 캘리포니아주 정부의 선거 감독을 담당하는 비당파적 기구 공정정치집행위원회(Fair Political Practices Commission)가 암호화폐를 이용한 정치 후원금 모금은 불법이라고 결정한 것이다. 위원들은 암호화폐를 이용한 후원금의 자금 출처와 정치적 투명성 등에 대한 우려 때문에 암호화폐 후원금 금지에 찬성했다고 밝혔다.

위원회는 암호화폐 후원금을 전면 금지하는 방안에서부터 암호화폐 자금을 전액 현금으로 교환해 은행을 거쳐 후원하는 방안까지 몇 가지를 검토한 후 전면 금지 쪽으로 방향을 정했다. 그런데 이 결정은 2014년 미 연방선거위원회가 선거운동과 정당의 정치행동위원회(PAC)에 대한 현물 기부로 암호화폐 후원금을 인정한 것과 배치되는 것이어서 정치권의 논란은 가중되었다.

이런 가운데 2020년 미국 대통령 선거에서 민주당의 예비후보 중 한 명이었던 앤드류 양이 암호화폐 정치 후원금 본격화에 앞장섰다. 타이완계 미국인으로, 특히 비트코인 지지자로 알려진 그는 대선 예비주자 선거운동의 하나로 비트코인 규제에 대해 "기업과 개인이 규제 변화를 두려워하지 않고 그 분야에 투자하고 혁신할 수 있도록 디지털 자산 세계의 명확한 가이드라인을 만들어야 한다"고 주장했다. 양은 이미 비트코인과 암호화폐로 정치 후원금을 받을 수 있는 플랫폼을 구축하기도 했다.

이와 함께 앤드류 양을 지지하는 휴머니티 포워드 펀드(Humanity FWD)라는 이름의 정치행동위원회는 '21세기 비트코인'이라는 비트코인 기금 프로그램을 시작해 비트코인 기부를 받았다. 휴머니티 FWD의 설립자인 세스 코헨은 단체가 제휴한 비트코인 결제 프로세서인 오픈노드(OpenNode)를 통해 비트코인 기부를 받으면 신용카드로 기부받을 때와는 달리 거래 수수료를 낮출 수 있다고 암호화폐 정치 후원의 장점을 밝혔다.

한편 코헨은 휴머니티 FWD가 기부받은 비트코인을 즉시 달러화로 환전할 것인지, 아니면 비트코인 기부 프로그램이 끝날 때까지 보유할 것인지 아직 결정하지 않았다고 밝혀 비트코인 기부금 관리가 간단한 문제가 아님을 시사했다. 또 그는 비트코인의 변동성이 각각의 기부 건수에 비트코인의 가격 변동을 기록해야 하는 등 추가적인 규제 문제가 있다고 설명했다. 이처럼 암호화폐 정치 후원금 제도가 정착하기까지 법적인 문제 등 갈 길이 아직 멀다고 할 수 있다.

 **기후변화의 정치**

기후변화, 불편한 진실?

바이든 미국 대통령은 2021년 11월, 전임자인 트럼프 대통령이 재임 중 '파리기후변화협약'에서 탈퇴한 것에 대해 공식적으로 사과했다. 바이든 대통령은 영국 글래스고에서 열린 제26차 유엔기후변화협약 당사국총회(COP26)에서 "내가 사과할 일은 아니지만, 미국이 지난 행정부에서 파리기후협약에서 탈퇴하고 우리를 뒤처지게 한 사실에 대해 사과한다"고 말했다.[1]

바이든 대통령이 2021년 1월에 취임한 이후 전임 정부의 기후변화 대응 정책에 대해 공개적으로 사과한 것은 이것이 처음이다. 바이든 대통령은 취임 직후 미국이 협정에 재가입 절차를 시작하는 문건에 서명했고 미국은 한 달 후 협정에 정식 복귀했다.

트럼프 행정부는 2017년 파리기후변화협약 탈퇴를 선언하고 2020

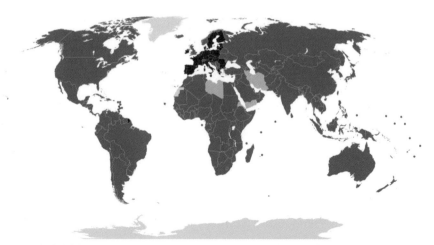

파리기후변화협약은 2015년 12월 프랑스 파리에서 열린 제21차 유엔기후변화협약(UNFCCC) 당사국총회 (COP21)에서 채택되었다. 196개국 당사국 가운데 지도에서 옅은 청색은 주 당사국, 청색은 EU 비준 대상국, 노란색은 서명국이다.

년 공식으로 탈퇴했다. 그는 취임 이후 파리기후협약 탈퇴를 여러 차례 공식화했는데, 취임한 지 약 7개월 만인 2017년 6월 1일 파리기후협약에서 탈퇴할 것이라고 발표했다. 그러나 발효 후 3년이 지나야 탈퇴할 수 있다는 파리기후협약의 단서 조항 때문에 미국은 그해 11월에야 유엔에 탈퇴를 통보했고, 1년 후인 2018년 11월 정식으로 탈퇴 처리가 완료되었다.

트럼프 대통령은 기후변화를 막기 위한 규제가 미국 경제에 악영향을 미친다는 이유로 온실가스와 관련한 규제를 완화해왔다. 트럼프 행정부가 해제한 규제는 100건이 넘는다. 또한 협약 탈퇴 선언 이후 개발도상국이 기후변화에 대응하는 것을 돕기 위한 녹색기후기

금(GCF)에 지급하기로 한 20억 달러의 지급도 거절했다.[2]

과학을 정치의 눈으로

지구 온난화와 기후변화를 둘러싼 논란은 어제오늘의 일이 아니다. 사실상 과학적인 정설이 된 기후변화 문제를 거짓 또는 과장된 것이라고 주장하는 대표적인 인물 중 하나가 바로 트럼프라고 할 수 있다. 트럼프로 대표되는 이들은 기후변화가 완전한 거짓이라고 주장하기보다 부분적으로는 인정하며 이를 정치적 주장을 위한 도구로 이용한다. 특히 트럼프를 지지하는 미국의 보수주의자가 대부분을 차지하는 이들은 기후변화와 지구 온난화 대응 정책이 개인과 기업의 자유를 제한한다는 이유를 내세우고 있다.

기후변화에 대응하는 정부 정책 등에 반대하는 보수주의자의 반대편에는 그 과정에서 경제적·정치적 이익을 추구하려는 세력도 있다. 그들은 실제보다 기후변화와 지구 온난화의 현실을 과장하고 대중에게 공포심을 불어넣어 합리적인 판단을 방해한다.

문제는 기후변화와 지구 온난화의 과학적 본질과는 아무 상관 없이 이를 정치적으로 이용하고, 자신의 정치적 이념에 따라 이를 맹목적으로 추종하며 갈등을 키운다는 것이다. 소수의 정치인은 과학을 정치의 눈으로만 보고 이용하면서 과학과 정치 모두 심각하게 왜곡·퇴행시킨다. 그리고 수많은 대중은 기본적 이해조차 없이 자신의 정치적 선호에 따라 한쪽 정치 세력에 의한 과학의 정치적 이용

행태를 그대로 추종한다.

바이든 대통령 취임 전 운영된 대통령직 인수위원회 관계자는 트럼프 행정부의 기후변화 대응 능력에 따른 피해가 예상보다 크다고 밝혔다. 바이든 행정부 출범 초기 기후변화 대응에 대한 기대치가 하락할 가능성이 일부에서 제기되자 인수위원회는 트럼프 행정부의 기후변화 대응 관련 예산 삭감, 직원 감축, 관련 연구 프로그램의 중단 등 일련의 조치가 예상보다 심각한 수준이라고 지적한 것이다.

한 관계자는 바이든 행정부가 전임 정부에 의한 환경부의 기후변화 관련 연구의 예산 삭감 등 다양한 문제를 해결하기 전에는 기후변화 대응이 이루어질 수 없다고 강조했다. 그는 환경부의 연구소는 비어 있고 기관의 과학자문위원회는 인원을 감축했다면서, 트럼프 행정부가 기관 임무 수행을 위한 자금과 인원을 뒤섞어 놓았다고 비판했다. 실제로 트럼프 행정부는 다른 기관에서도 에너지 정책 검토와 기타 연구를 축소했고, 재무부의 에너지 및 환경사무국을 폐쇄했으며, 미 북극연구위원회의 기후 관련 업무를 중단시킴으로써 국제 북극위원회와도 결별했다.

이에 대해 대통령직 인수위원회는 2035년까지 전기 부문의 탄소 배출을 줄이고 2050년까지 미국의 온실가스 배출을 제로화하겠다는 목표를 포함해 바이든 대통령의 기후 계획은 온전하다고 밝혔다. 인수위원회 고위 간부는 바이든 행정부가 출범하면 연방기관들의 관련 현황을 파악해 기후변화 대응을 위한 단기 목표를 발표할 것이라고 말했다. 백악관 국가기후고문으로 내정된 지나 맥카시는 하루 아침에 실현하기 어렵겠지만 정부의 모든 역량을 집중해 기후변화 대응 계획 실행에 노력하겠다고 강조했다.[3]

부인할 수 없는 사실

현재 과학 연구로 입증된 결과들을 종합하면 기후변화 자체는 부인할 수 없는 현실이다. 미국 노던일리노아대학의 연구에 따르면, 기후변화 현상의 심화에 따라 미국 내 눈폭풍 발생이 급속히 감소한 것으로 나타났다.[4] 이 연구에서 온실가스 배출에 따른 기후변화의 영향으로 지난 10년 동안 북아메리카 중부와 동부 지역에 걸쳐 매년 평균 28퍼센트의 눈폭풍이 감소한 것으로 조사되었다.

연구팀은 현재 비정상적으로 온화한 겨울이라고 생각하는 수준

2016년 1월 23일 겨울 폭풍 조나스가 몰아쳐 폭설이 내렸다. 사진은 미국 뉴욕 맨해튼 퍼싱 광장이다.

은 눈보라의 수와 강도로 볼 때 금세기 후반의 겨울 중에서 가장 그 정도가 심한 것이라고 지적했다. 또한 연구팀은 이에 따라 눈폭풍과 눈으로 내리는 강수량이 모두 감소하는 것은 물론, 미국 남부 지역 에서는 눈 자체가 완전히 사라질 것으로 전망했다.

이 연구는 소량의 눈 축적에서부터 평균적인 겨울 폭풍에 이르기 까지 먼 미래의 개별적인 눈폭풍 예측을 객관적으로 확인하고 추 적한 최초의 시도로 평가된다. 북미 중부와 동부를 가로지르는 약 2,200개의 눈폭풍을 확인·추적하는 고해상도 시뮬레이션 결과 눈 폭풍의 빈도와 규모가 현저히 감소했으며, 지구 온난화에 따라 눈폭 풍 감소 현상은 더욱 심화될 것으로 연구팀은 예상했다.

엄청난 사망률 초래 전망

온난화로 인해 미 대륙의 열 스트레스가 금세기 중 두 배로 증가 할 전망이라는 연구도 있다. 사우스캐롤라이나 클렘슨대학 연구팀 은 세계가 높은 수준의 온실가스를 계속 배출한다면, 2100년까지 미 대륙 거의 모든 지역에서 열 스트레스가 두 배가 될 것으로 예측 했다. 학술지 〈지구의 미래Earth's Future〉에 게재된 연구에 따르면, 열 스트레스는 태평양 북서부, 중부 캘리포니아, 오대호 등 인구 증가 속도가 빠른 지역에서 지난 40년 동안 무려 3배나 증가했다.

열 스트레스는 인체가 과도한 열을 제거할 수 없을 정도로 온도 와 상대습도가 높아지면 발생하고 뇌졸중, 열경련, 기타 증상 등으로 발전할 수 있다. 인간에 의한 기후변화는 전 세계적인 평균 기온 상승으로 이어지고 있지만 광범위하게 증가할 것이 예상되는 열 스트레스와 같은 문제에 대한 대중의 인식은 부족한 편이다. 이전 연구들은 일반적으로 극한 수준의 열 발생의 영향을 심각도, 빈도, 지속시간 중 한 가지 측면에서만 분석했는데, 이번 연구는 이 세 요소가 앞으로 어떻게 증가할 것인지 예측했다.

연구팀은 이 연구가 미국의 열 스트레스에 미치는 기후변화의 영향에 대해 최첨단 기후와 인구 예측을 바탕으로 한 여러 변수를 통합해 더 포괄적인 평가를 제공할 수 있다고 밝혔다. 기후변화는 앞으로 수십 년 동안 엄청난 사망률로 이어질 수 있으며. 이번 세기 후반까지 기후변화의 영향으로 수천만 명이 목숨을 잃을 것으로 추산

2019년 가을, 호주 골드 코스트 인근 사라바에서 시작된 산불은 무려 6개월 동안 이어졌다. 이 산불은 사상 최악의 산불로 기록되었다.

했는데, 주요 원인 중 하나는 열 스트레스라고 연구팀은 지적했다. 또한 연구팀은 이러한 상황에서 완화적인 전략이 즉시 마련되지 않는다면 열 스트레스의 영향이 더욱 심각해질 것이라고 경고했다.[5]

해수면 상승 속도 급증

지구 온난화로 인한 해수면 상승이 사실이냐 아니냐의 논쟁이 계속되는 가운데 그 속도가 뚜렷하게 빨라지고 있다는 사실도 확인되었다. 럿거스대학에서 주도한 국제 연구팀은 미 대서양 연안 여러 지역의 20세기 해수면 상승 속도가 과거 2000년 동안에 비해 급속히 빨라졌으며, 뉴저지 남부 지역이 가장 빠르다는 사실을 발견했다.

학술지 〈네이처 커뮤니케이션Nature Communications〉에 게재된 연구에 따르면, 1900년부터 2000년까지 얼음이 녹고 바다가 따뜻해지면서 해수면이 전 세계적으로 상승한 속도가 0년에서 1800년 사이 평균 속도의 두 배 이상 빠른 것으로 나타났다. 이 연구에서는 미 동부 해안을 따라 6개 지점(코네티컷주, 뉴욕주, 뉴저지주, 노스캐롤라이나주)에서 2000년에 걸친 해수면 변화를 조사했다.

기후변화로 인한 해수면 상승은 저지대 섬, 도시, 육지를 영구적으로 침수시킬 위험이 있으며, 또한 홍수, 해안 지역 등의 폭풍 피해에 대한 취약성을 높인다. 대부분의 해수면 상승 연구는 세계적인 수준으로 이루어지며 주로 20세기와 21세기로 한정되지만, 이 연구는 2000년에 걸쳐 더 긴 시간규모에서 해수면 상승을 추적했다.

과학자들은 통계 모델을 이용해 6개 지역의 해수면 기록을 세계, 지역 및 지역 구성 요소 수준으로 나누어 다양한 요인과 영향에 따라 분석했다. 분석 결과 20세기 들어 6개 지점(연간 2.6~3.6밀리미터, 10년 기준 1~1.4인치)의 해수면 상승 속도는 지난 2000년 만에 가장 빨랐으며, 남부 뉴저지 지역은 2000년 동안 에드윈 B 지점에서 연간 1.6밀리미터(10년에 약 0.63인치)로 가장 빠른 속도를 기록했다. 특히 케이프 메이 카운티, 케이프 메이 코트 하우스 등 국립야생동물보호구역 등 유적지 인근의 상승 속도가 빠른 것으로 나타났다.[6]

기원전부터 계속된 문제

이처럼 지구의 온도가 계속 올라가는 이유에 관한 과학계 최고 미스테리 중 하나도 얼마 전 해결되었다. 럿거스대학 연구팀은 오늘날 지구의 연간 기온이 지난 1만 년 중 가장 따뜻한 이유를 설명할 수 있는 오랜 난제를 해결했다.

〈네이처 커뮤니케이션〉에 게재된 연구에서 연구팀은 '홀로세 온도 난제(Holocene temperature conundrum)'라고 하는 오랜 미스터리의 해결을 위해 약 1만 2000년 전에 시작된 홀로세 시대의 온도 역사에 대한 오랜 관점에 도전했다. 연구팀은 홀로세 시대의 온난화는 기후 모델로 예측한 바와 같이 온실가스의 증가에 의해 실제로 발생했으며, 이는 지구 온난화에서 이산화탄소의 핵심적인 역할에 대한 의심을 없애줄 수 있는 근거가 된다고 밝혔다.

이 연구에서는 지구상에서 가장 최근 기온이 높았던 두 번의 시기, 즉 12만 8000년에서 11만 5000년 전과 홀로세 시기의 온도 역사를 재구성하기 위해 해양 단세포 생물인 해양칼카레아(탄산칼슘 함유) 화석을 이용했다. 마지막 빙하기와 홀로세 시기에 지구 온도가 어떻게 변화했는지는 논쟁의 여지가 있는데, 일부 자료에서는 현재 지구 온도가 홀로세 초기의 온도보다 높지 않다고 주장한다.

이에 비해, 일반적인 기후 모델은 지난 1만 년 동안 지구의 온도가 계속 상승했음을 강력히 시사하고 있다. 연구팀은 기후 모델과 데이터 사이 불일치로 인해 기후변화에서 온실가스의 역할에 대한 의문이 계속 제기되고 있는데, 이번 연구를 통해 산업화가 지난 1만 년 동안의 지속적인 온난화 추세를 가속화한 사실을 발견했다고 밝혔다. 또한 연구팀은 이번 연구를 통해 계절적 변화, 특히 북반구 여름이 기후변화에 미치는 중요성을 다시 한번 강조하게 되었다고 덧붙였다.[7]

기초 에너지 경쟁력의 중요성

기후변화 문제에 대한 시각, 대응 정책 등에서 미국의 공화당과 민주당 사이에 차이가 뚜렷하다. 하지만 정당에 상관없이 이전부터 미국 정부는 원자력을 비롯한 미국 기초에너지과학(BES)의 국제 경쟁력 저하를 경고하면서 집중적인 투자, 육성에 나서고 있다. 미국 에너지부 기초에너지과학자문위원회(BESAC)는 2021년 에너지부의 기초에너지과학 프로그램을 통해 지원하는 연구가 유럽과 중국에 밀리고 있다는 사실을 경고하는 보고서 초안을 발표했다.

연간 1만 5000명 이상의 이용자에게 서비스를 제공하는 나노과학 연구센터 등을 지원하는 BES는 현재 연간 23억 달러의 예산을 지출하는 에너지부 과학국의 6개 주요 프로그램 중 가장 지출 규모가 큰 프로그램이다. 보고서는 미국의 경쟁력을 강화하기 위해 조기 및 중간 경력 과학자를 위한 자금 지원 체계 개선, 연구시설의 과학자를 위한 기회 증대, 연구 인프라에 대한 투자 증대 및 기초, 응용 및 산업 연구의 통합 개선과 같은 전략을 권고했다.

BESAC는 BES 프로그램의 국제 경쟁력 평가 및 앞으로의 활동을 위한 전략 수립을 권고하며, 다음의 주요 영역에 초점을 맞추기로 했다.

- 양자 컴퓨팅, 통신, 시뮬레이션 및 감지를 포함한 양자 정보 과학
- 에너지 저장 및 지속 가능한 연료와 같은 에너지 응용을 위한 과학
- 양자물질, **메조과학 및 나노과학**[*], 신경 형태 컴퓨팅을 포함한 에

---

[*]2나노미터(nm)에서 20나노미터의 단위를 다루는 과학을 메조과학, 2나노미터 이하의 단위를 다루는 경우 나노과학이라고 한다. 1나노미터는 10억분의 1미터에 해당한다.

너지 및 정보 관련 물질

- **폴리머 업사이클링**, 전기 촉매 분석, 탄소 포집 및 변형 제조를 포함한 산업 관련 과학
- 중성자, X선 광원, 전자현미경 등 첨단 연구시설

보고서는 지난 10년 동안 가장 많이 인용된 논문 20퍼센트 중 미국의 점유율은 모든 주요 연구 분야에서 감소했지만, 중국의 점유율은 뚜렷하게 증가했다고 지적했다. 중국이 에너지 저장과 지속 가능한 에너지 과학에서 선두를 달리고 있고, 유럽연합은 양자 정보 과학에서 앞서가는 상황에서 보고서는 미국의 경쟁력 회복을 위한 방안들을 제시했다.[8]

미국의 막대한 원자력 투자

트럼프 정부에서도 미 에너지부는 산하 국립연구소 및 대학 원자력 기술 프로젝트를 지원을 위한 투자를 아끼지 않았다. 에너지부는 2020년 6월 미국 내 28개 주 93개 첨단 원자력 기술 프로젝트를 통한 원자력 연구, 교차절삭 기술 개발, 시설 이용, 인프라 개발 등을 위해 6500만 달러 이상을 지원한다고 발표했다. 이 지원 사업은

---

* 플라스틱의 필수 구성요소인 폴리머를 효율적으로 분해하고 재건하는 과정으로, 폐기된 플라스틱의 재활용을 늘리고 환경에 플라스틱 폐기물이 축적되는 것을 줄이기 위한 기술이다.

에너지부 원자력 프로그램 중 원자력 대학 프로그램(NEUP), 원자력 에너지 활성화 기술(NEET), 원자력 과학 사용자 시설(NSUF) 프로그램의 일부이다.

댄 브루일렛 에너지부 장관은 트럼프 정부가 온실가스 배출 감소의 실질적인 진전을 위해 원자력 에너지의 중요성을 인식하고 있으며, 28개 주의 93개 프로젝트는 가장 신뢰할 수 있는 에너지의 활성화에 기여하고 있다고 밝혔다. 리타 바란왈 에너지부 핵에너지 차관보는 이러한 프로그램에 대한 투자는 차세대 인재 육성을 지원함으로써 미국의 핵 혁신 리더십 강화에 도움이 된다면서 에너지부는 연구자들이 첨단 핵 기술을 개발할 수 있는 첨단 인프라와 실험 시설 이용을 위한 지원에 노력하고 있다고 설명했다.

트럼프 정부에서 에너지부는 NEUP을 통해 미국 내 57개 대학의 원자력 연구·개발 프로젝트에 3860만 달러 이상, 그리고 21개 대학의 연구용 원자로와 인프라 개선 프로젝트에 570만 달러 등을 지원했다. NEET 프로그램에서는 에너지부 산하 국립연구소와 대학들이 주도하는 5개 연구·개발 프로젝트에 500만 달러를 지원했다. NSUF 프로그램에서는 3개 에너지부 국립연구소 및 3개 대학 프로젝트에 총 500만 달러를 지원했다.[9]

신개념 핵융합 에너지 개발

트럼프 정부에서는 저비용 핵융합에너지 프로그램도 지원했다. 에너지부는 신개념 핵융합 에너지 개발을 위한 'BETHE(Breakthroughs Enabling thermonic-Fusion Energy)' 프로그램의 하나로 15개 프로젝트를 선정해 3200만 달러의 자금을 지원했다. 이 프로젝트들은 저비용 핵융합 개념의 수준을 향상시키는 것을 목표로, 시기적절하고 상업적으로 실행 가능한 핵융합 에너지를 개발하는 것이 목적이다. 마크 메네즈 에너지부 차관은 핵융합에너지 기술의 연구 개발은 종종 엄청난 비용으로 제약되고 있다면서, BETHE 프로그램은 비용을 절감하는 차세대 핵융합 기술의 사업화 기회를 더욱 발전시킬 것이라고 밝혔다.

BETHE 프로젝트는 비용면에서 경쟁적이고 실행 가능한 에너지 발생원으로서 융합에너지 개발에 대한 에너지 첨단연구 프로젝트(ARPA-E)의 임무를 진전시키며, 전 세계 에너지 수요의 충족 및 이 분야에서 미국의 세계적 리더십 유지를 도와줄 것으로 기대되었다.

BETHE 프로젝트는 다음과 같은 세 가지 연구 범주로 진행되었다.

- 좀 더 저렴하게 이용할 수 있는 핵융합에너지 개념의 향상을 위한 개발
- 고비용 융합에너지 개념의 비용 절감을 위한 구성요소 기술 개발
- 이론/모델링, 머신러닝 및 진단 등을 포함해 기존 역량의 개선과 적용

상업적 핵융합에너지 기술은 오래전부터 이상적인 에너지 기술로 관심을 끌었지만, 개발 비용 절감과 개발 일정 단축이 과제로 남아 있었다. 앞으로 비용 경쟁력이 달성되고 실용화 실험이 성공할 수 있다면 21세기 후반에는 저탄소 에너지 수요를 충족시키고 비용 효율적인 탄소 배출 없는 에너지라는 목표 달성이 가능할 전망이다.[10]

장기적 원자로 이용 계획

트럼프 정부는 기후변화 대응 정책과 상관없이 장기적 원자로 이용 계획 마련을 위한 노력도 했다. 미국물리학회는 2018년 여름 발표한 보고서에서 미국의 중성자 연구 역량 부족을 지적하며, 차세대 원자로의 설계와 건설을 촉구했다. 그러나 새로운 원자로 건설 작업은 광범위한 계획 과정과 정치적 영향 등 다양한 영향 요소들에 따라 완공되기까지 상당한 시간이 걸릴 수 있는 문제로 지적되었다.

이와 관련해서 미 에너지부는 기초에너지과학자문위원회(BESAC)에 미국 내 고성능 원자로 기반 연구 시설의 과학적 정당성 평가를 요청했다. 이 평가는 연구용 원자로를 사용하여 수행할 수 있는 과학 연구의 중요성 및 원자로가 제공할 수 있는 모든 범위의 능력을 고려하기 위한 것이다. 여기에는 중성자 빔 실험, 방사성 동위원소 생산, 추적 원소 분석을 위한 중성자 활성화, 암흑 물질 연구가 포함되며, 또한 원자로 기반 중성자 자원과 스펄레이션(spaalation) 중성자 자원의 역할 비교 분석 등이 포함된다.

중성자 연구시설 전략

미 에너지부는 **스펄레이션 중성자 자원(SNS)**[*] 설비를 크게 높여 성능과 용량을 모두 늘리기 위해 미국 내 고성능 중성자 연구시설과 관련한 HFIR(High Flux Isotope Reactor)의 장기적인 전략에 대한 조언도 요청했다. BESAC는 또한 최고의 기능을 제공할 수 있는 HFIR의 가능한 업그레이드 경로 존재 여부와 함께 저농축우라늄(LEU)이 원자로의 효용성을 크게 떨어뜨리지 않고 원자로에서 사용될 수 있는지 분석해줄 것도 요청받았다. 이를 위해 BESAC는 프랑스 그르노블에 있는 유럽 최고의 원자로 기반 이용자 시설인 라우에-랑주뱅 연구소(Institut Laue–Langevin: ILL) 사례를 연구할 예정인데, 새로운 원자로 수용을 위한 설계를 도입할 경우 다목적 고성능 연구용 원자로 건설을 위한 새로운 방안을 마련했다.[11]

「몬트리올 의정서」

「몬트리올 의정서」(1987년)는 국제 과학 협력과 미국의 환경 리더

---

[*] 과학 연구와 산업 발전을 위해 세계에서 가장 강렬한 펄스 중성자 빔을 제공하는 미국의 가속기 기반 중성자 자원 시설이다. 미국 에너지부 산하 오크리지 국립연구소(Oak Ridge National Laboratory)의 일부로, 전 세계 과학자 수백 명이 상주한다.

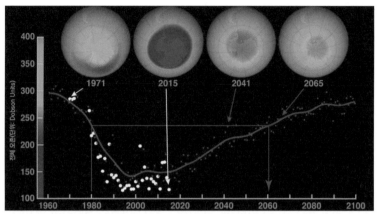

남극 대륙 성충권 오존층의 변화 : 위는 남극 대륙의 10월 평균치 변화를 색으로 나타낸 것이다. 오존 값이 높으면 빨간색/노란색, 낮으면 파란색/보라색이다. 아래 그래프는 남극 대륙의 10월 평균 최소값의 변화이다.

십에서 획기적인 성과로 평가받고 있으며, 의정서 추진 과정에서 미국의 외교관, 업계 관계자, 일반인 등 비과학 분야의 참여자들이 중요한 역할을 담당했다. 세계 과학자들은 성충권 오존이 국가적·정치적 관심사가 되기 훨씬 전부터 성충권 오존을 연구해왔는데, 이러한 노력은 세계 오존 관측 시스템으로 발전했고, 이는 국제 과학 협력을 위한 외교적 관심으로 이어졌다.[12]

에어컨, 에어로졸 스프레이, 난연제 또는 기타 제품 등 거의 모든 가정에 존재하는 염화불탄소(chloro fluoro carbon, CFC)의 이용 증가에 따라 1981년 미국과 유엔환경계획(UNEP)은 관련 협상을 재개했다. 1987년 수십 개국이 「몬트리올 의정서」에 서명함으로써 CFC, 할로겐 등 오존층 퇴화 물질의 생산을 제한하고 앞으로 국제협정의 틀을 제공하는 **글로벌 컴플라이언스(global compliance)**[*] 체제를 구축했다.

「몬트리올 의정서」의 역사는 과학과 공공정책의 상호작용을 새롭게 조명하는 중요한 의미로 평가되는데, 정책 결정자들과 과학자들이 그들의 이해관계에 부합하는 방식으로 결과를 이끌어낼 수 있게 했다는 의미가 있다. 오존 관련 과학적 자료들은 당시 레이건 행정부 내에서 추구하는 국익과 차이가 있었으나 다양한 연방기관과 의회는 성층권 오존 문제를 완화하기 위한 정치적·외교적 영향을 고려했다.

「몬트리올 의정서」는 효과적인 국제 환경 준수 체제를 확립하는 방법을 제시했으며, 미국과 국제사회는 이를 위한 과학과 규제에 대해 이견이 있었지만 오존층 파괴 물질 통제를 위한 관리 시스템 구축에 성공했고, 환경 영역에서 증거 기반의 리더십과 외교의 중요성을 보여주었다.

---

[*] 모든 국가에서 모든 국제법과 규칙은 물론 현지법과 규칙을 준수하도록 보장하는 것을 의미한다. 국경을 초월한 사업과 무역이 증가함에 따라 글로벌 컴플라이언스 의무의 양과 복잡성도 커지고 있다.

|주|

들어가는 글

1 "Mark Zuckerberg is 'dictator' of Facebook 'nation': The Pirate Bay founder." CNBC, May 27, 2016.

1. 과학기술과 정치 문제

1 "Many Tech Experts Say Digital Disruption Will Hurt Democracy." Pew Research Center, February 21, 2020.

2 *Financial Times*, July 25, 2019.

3 Adrian Shahbaz. "Freedom on the net 2018: The Rise of Digital Authoritarianism." Freedom House.

4 Feldstein, Steven. "China is exporting AI surveillance technology to countries around the world." *Newsweek*, April 23, 2019 and Reuters, August 2, 2019.

5 *The Verge*, April 18, 2019.

6 *Politico*, June 24, 2019.

7 VOX, February 20, 2019.

8 쇼샤나 주보프. 『감시 자본주의 시대』. 김보영 옮김. 문학사상, 2021.

9 Zuboff, Shoshana. "The secrets of surveillance capitalism." *Frankfurter Allgemeine Zeitung*, March 5, 2016.

10 Harari, Yuval Noah. "Why technology favors tyranny." *The Atlantic*, October 2018.

11 "Facebook Whistleblower Frances Haugen: The 60 Minutes Interview." CBS News, October 3, 2021.

12 "Our minds can be hijacked: The tech insiders who fear a smartphone dystopia." *The Guardian*, October 6, 2017.

13 MarketWatch, January 19, 2019.

14 European Parliament. *Polarisation and the use of technology in political campaigns and communication.* Directorate-General for Parliamentary Research Services (EPRS), 2019

15 Deibert, Ronald J. "The road to digital unfreedom: Three painful truths about social media." *Journal of Democracy,* January 9, 2019.

2. 인공지능은 중립적인가

1 Didier Bigo, Engin Isin, Evelyn Ruppert(ed.). *Data Politics: Worlds, Subjects, Rights.* Routledge, 2018.

2 David Barnhizer, Daniel Barnhizer. *The Artificial Intelligence Contagion: Can Democracy Withstand the Imminent Transformation of Work, Wealth and the Social Order?* Clarity Press, 2019.

3 Brent Mittelstadt, Patrick Allo et al. "The ethics of algorithms: Mapping the debate." *Big Data & Society,* July-December 2016.

4 Ivana Bartoletti. *An Artificial Revolution: On Power, Politics and AI.* The Indigo Press, 2020.

5 "The Facebook Whistleblower, Frances Haugen, Says She Wants to Fix the Company, Not Harm It." *The Wall Street Journal,* October 3, 2021.

6 https://phys.org/news/2021-03-middle-neglected-politics-spectrums.html

7 Xiao-Li Meng. "STATISTICAL PARADISES AND PARADOXES IN BIG DATA (I)." *The Annals of Applied Statistics,* vol. 12, no. 2, 2018.

8 Seth Flaxman, "Unrepresentative big surveys significantly overestimate US vaccine uptake." *Nature,* December 2021.

9 Ingrid Volkmer. *Social Media & COVID-19: A global study of digital crisis iInteraction among Gen Z and millennials.* University of Melbourne, 2021.

10 Becky Ham. "Identifying Biases in Artificial Intelligence Systems." *AAAS,* February 10, 2021

11 Feras A. Saad et al. "SPPL: Probabilistic Programming with Fast Exact Symbolic Inference." Proceedings of the 42nd ACM SIGPLAN International Conference on Programming Language Design and Implementation, June 20-25, 2021.

3. 빅테크와 민주주의

1 Jamie Susskind. *Future Politics: Living Together in a World Transformed by Tech*. Oxford University Press, 2018.

2 David Barnhizer, Daniel Barnhizer. *The Artificial Intelligence Contagion: Can Democracy Withstand the Imminent Transformation of Work, Wealth and the Social Order?* Clarity Press, 2019.

3 VOX, February 20, 2019.

4 David Barnhizer, Daniel Barnhizer. *The Artificial Intelligence Contagion*.

5 TechExplore, August 2021.

6 Frank Pasquale. *New Laws of Robotics: Defending Human Expertise in the Age of AI*. Belknap Press, 2020.

4. 가짜 뉴스와 정치적 양극화

1 https://thepolarizationindex.com

2 https://phys.org/news/2021-11-fake-news-controversial-topics-contributes.html

3 Daniel DellaPosta. "Pluralistic Collapse: The 'Oil Spill' Model of Mass Opinion Polarization." *American Sociological Review*, June 5, 2020.

4 https://www.aol.com/news/jan-6-congress-more-deeply-025505716-101958213.html

5 https://phys.org/news/2021-12-far-right-covid-theories.html

6 Ciarán O'Connor. *The Conspiracy Consortium: Examining Discussions of COVID-19 Among Right-Wing Extremist Telegram Channels*. ISD, 2021.

7 *More Effective, More Efficient, More Equitable: Overseeing an Improving & Ongoing Pandemic Response*. Select Subcommittee's Year-End Staff Report.

8 "Omicron Threatens Red America." *The New York Times*, December 12, 2021.

9 「코로나 백신이 유전정보 바꾼다? 괴담 '진실 혹은 거짓'」 〈파이낸셜 뉴스〉 2022.1.2.

10 M. A. Lawson H. Kakkar. "Of pandemics, politics, and personality: The role of conscientiousness and political ideology in the sharing of fake news." *Journal of Experimental Psychology: General*, 2021.

11 Alexandra Flores, Jennifer C. Cole, Leaf Van Boven et al. "Politicians polarize and experts depolarize public support for COVID-19 management policies across countries." *Proceedings of the National Academy of Sciences*, January 18, 2022.

12 R. K. Garrett and Robert M. Bond. "Conservatives' susceptibility to political misperceptions." *Science Advances*, vol. 7, no. 23, 2021 Jun.

5. 인터넷과 음모론 정치

1 "Alex Jones fined $25,000 in Sandy Hook massacre defamation case." ABC News, April 1, 2022.

2 Amanda J. Crawford. "How conspiracy theories in the US became more personal, cruel, and mainstream after Sandy Hook shootings." *The Conversation*, December 10, 2021.

3 Maura Conway. "Determining the Role of the Internet in Violent Extremism and Terrorism: Six Suggestions for Progressing Research." *Studies in Conflict & Terrorism*, vol. 40, no. 1, April 2016.

4 Daveed Gartenstein-Ross, Colin Clarke, and Matt Shear. "Terrorists and Technological Innovation." *Lawfare*, February 2, 2020.

5 Salvador Hernandez. "This Is How a Group Linked to Betsy DeVos Is Organizing Protests to End Social Distancing, Now with Trump's Support." BuzzFeed News, April 17, 2020.

6 Taylor Hatmaker. "Telegram Blocks 'Dozens' of Hardcore Hate Channels Threatening Violence." TechCrunch, January 13, 2021.

7 https://www.state.gov/united-states-joins-christchurch-call-to-action-to-eliminate-terrorist-and-violent-extremist-content-online/

8 "Core group of world leaders to attend Jacinda Ardern-led Paris summit." *New Zealand Herald*, Retrieved 16 May 2019.

9 *National Strategy for Countering Domestic Terrorism*. The White House, June 2021.

10 *National Strategy for Countering Domestic Terrorism*.

11 David Rand and Gordon Pennycock. "Most People Don't Actively Seek to Share Fake News." *Scientific American*, March 17, 2021.

12 Adam Klein. "Slipping Racism into the Mainstream: A Theory of Information Laundering." Communication Theory, vol. 22, 2012.

13 Lee Hadlington, Lydia J. Harkin, Daria Kuss, Kristina Newman & Francesca C. Ryding. "Perceptions of fake news, misinformation, and disinformation amid the COVID-19 pandemic: A qualitative exploration." *Psychology of Popular Media*, January 14, 2022.

14 Xizhu Xiao, Porismita Borah, Yan Su. "The dangers of blind trust: Examining the interplay among social media news use, misinformation identification, and news trust on conspiracy beliefs." *Public Understanding of Science*, March 2021.

15 Valerie A. Earnshaw et al. "Anticipated stigma, stereotypes, and COVID-19 testing." *Stigma and Health*, vol. 5, no. 4, 2020.

16 Valerie A Earnshaw et al. "COVID-19 conspiracy beliefs, health behaviors, and policy support." *Translational Behavioral Medicine*, August 2020.

17 이 데이터는 비영리 저널리즘 연구기관인 포인터연구소(Poynter Institute)의 웹사이트에서 수집하여 94개 기관에서 사실 확인을 했다.

18 Sayeed Al-Zaman. "Prevalence and source analysis of COVID-19 misinformation in 138 countries." *IFLA Journal*, August 27, 2021.

19 Dax Gerts, Courtney Shelley et al. "'Thought I'd Share First' and Other Conspiracy Theory Tweets from the COVID-19 Infodemic: Exploratory Study." *JMIR Public Health Surveill*, vol. 7, no. 4, 2021.

20 Jeanine P. D. Guidry. K. Carlyle, M. Messner and Y. Jin. "On Pins and Needles: How Vaccines Are Portrayed on Pinterest." *Vaccine*, vol. 33, no. 39, 2015.

21 William Marcello et al. *Detecting Conspiracy Theories on Social Media*. RAND Corporation, 2021.

22 Alessandro Bessi, Guido Caldarelli et al. "Social Determinants of Content Selection in the Age of (Mis)Information." Luca M. Aiello and Daniel McFarlandin. eds. *Social Informatics*. Springer International Publishing AG, 2015.

23 Sahara Byrne and Philip Solomon Hart. "The Boomerang Effect: A Synthesis of Findings and a Preliminary Theoretical Framework." *Annals of the International Communication Association*, vol. 33, no. 1, 2009.

24 "NIAID strategic plan details COVID-19 research priorities." National Institutes of Health(NIH), April 23, 2020.

25 "NIH launches clinical trials network to test COVID-19 vaccines and other prevention tools." National Institutes of Health(NIH), July 8, 2020.

26 "Republican Lawmakers Propose Bill to Support Government COVID-19 Research Effort." Nextgov. April 27, 2020.

27 USPTO announces special Patents for Humanity COVID-19 category. April 5, 2021.

28 "Artificial Intelligence: A Vital Tool in the Pandemic." AAAS. May 5, 2021.

6. 미·중 경쟁의 핵심: 데이터

1 Rand Waltzman, Lillian Ablon, Christian Curriden et al. *Maintaining the Competitive Advantage in Artificial Intelligence and Machine Learning*. RAND Corporation, 2020.

2 Stanford Institute for Human-Centered Artificial Intelligence(HAI), "2021 AI Index Report." https://aiindex.stanford.edu/report/

3 James Vincent. "Artificial intelligence research continues to grow as China overtakes US in AI journal citations." *The Verge*, March 3, 2021.

4 National Security Commission on Artificial Intelligence. *Final Report*. 2021.

5 David Barnhizer, Daniel Barnhizer. *The Artificial Intelligence Contagion: Can Democracy Withstand the Imminent Transformation of Work, Wealth and the Social Order?* Clarity Press, 2019.

7. 미국의 인공지능 정책

1 Hoover Institution, Stanford University, "Decision 2020 Report: Policy Implications For The Emergence Of Artificial Intelligence." October 9, 2020.

2 Executive Order 13859 of February 11, 2019. "Maintaining American Leadership in Artificial Intelligence." Federal Register.

3 White House. "Promoting the Use of Trustworthy Artificial Intelligence in Government." December 3, 2020.

4 https://www.whitehouse.gov/wp-content/uploads/2020/01/Draft-OMB-Memo-on-Regulation-of-AI-1-7-19.pdf

5 White House. *Guidance for Regulation of Artificial Intelligence Applications*. "Introduction."

6 "U.S. Launches Task Force to Study Opening Government Data for AI Research." *Wall Street Journal*, June 10, 2021.

7 Cameron F. Kerry, Joshua P. Meltzer et al. *Strengthening International Cooperation on AI*. Brookings, 2021.

8 Alex Engler. "How the Biden administration should tackle AI oversight." Brookings, December 10, 2020.

8. 블록체인과 정치 개혁

1 https://www.media.mit.edu/research/?filter=everything&tag=blockchain

2 "West Virginia to introduce mobile phone voting for midterm elections." CNN, August 6, 2018.

3 "Denver and West Virginia Deserve Praise for Voting on Blockchain." *Fortune*, March 24, 2019.

4 Kevin C. Desouza and Kiran Kabtta Somvanshi. "How blockchain could improve election transparency." Brookings, May 30, 2018.

5 "Securing the Vote – New Report." National Academies of Sciences, Engineering, and Medicine, September 6, 2018.

6 Jamie Susskind. *Future Politics: Living Together in a World Transformed by Tech.* Oxford University Press, 2018.

7 Dora Kostakopoulou. "Cloud Agoras: When Blockchain Technology Meets Arendt's Virtual Public Spaces" R. Bauböck ed. *Debating Transformations of National Citizenship.* IMISCOE Research Series, 2018.

8 Cosmas Krisna Adiputra, Rikard Hjort, Hiroyuki Sato. "A Proposal of Blockchain-based Electronic Voting System." IEEE Xplore, January 17, 2019.

9 Emre Yavuz, Ali Kaan Koç, Umut Can Çabuk, Gökhan Dalkılıç. "Towards Secure E-Voting Using Ethereum Blockchain." IEEE Xplore, May 7, 2018.

10 한국인터넷정보학회·홍승필·민경식·김혜리. 『블록체인 방식을 활용한 온라인 투표시스템 적용 가능성 연구』, 선거연수원, 2017

11 Cosmas Krisna Adiputra, Rikard Hjort, Hiroyuki Sato. "A Proposal of Blockchain-based Electronic Voting System."

12 Emre Yavuz, Ali Kaan Koç, Umut Can Çabuk, Gökhan Dalkılıç. "Towards Secure E-Voting Using Ethereum Blockchain."

13 Dean Franklet, Laura Meriluoto et al. *Public implementation of Blockchain Technology.* Working Paper. Department of Economics and Finance School of Business, University of Canterbury, New Zealand.

14 U.S. Customs Wants to Use Blockchain for Travel Security Measures https://skift.com/2019/03/21/u-s-customs-wants-to-use-blockchain-for-travel-security-measures/

15 Russia's Ministry of Education Introduces System for Tracking Diamonds via Blockchain
https://cointelegraph.com/news/russias-ministry-of-education-introduces-system-for-tracking-diamonds-via-blockchain

16 Chilean Treasury Launches Blockchain Platform to Process Public Payments https://cointelegraph.com/news/chilean-treasury-launches-blockchain-platform-to-process-public-payments

9. 기후 변화의 정치

1 "Biden: 'I do apologize' for Trump pulling US from Paris climate accord, says US 'will do our part' to lower emissions." *AP NEWS*, November 2, 2021.

2 "The Trump Administration Rolled Back More Than 100 Environmental Rules. Here's the Full List." *New York Times*, Jan. 20, 2021.

https://www.nytimes.com/interactive/2020/climate/trump-environment-rollbacks-list.html

3 "Biden Climate Team Says It Underestimated Trump's Damage." E&E News, January 6, 2021.

4 Northern Illinois University. "Climate change could dramatically reduce U.S. snowstorms." NIU Newsroom, May 25, 2020.

5 AGU.org https://news.agu.org/press-release/heat-stress-in-u-s-may-double-by-the-end-of-the-century/

6 https://www.rutgers.edu/news/sea-level-rise-20th-century-was-fastest-2000-years-along-much-east-coast

7 Rutgers University https://www.rutgers.edu/news/important-climate-change-mystery-solved-scientists

8 https://www.aip.org/fyi/2021/doe-panel-finds-us-falling-behind-basic-energy-sciences

9 https://www.energy.gov/articles/department-energy-invests-65-million-national-laboratories-and-american-universities

10 https://www.energy.gov/articles/department-energy-announces-32-million-lower-cost-fusion-concepts

11 https://www.aip.org/fyi/2019/doe-and-nist-considering-long-term-research-reactor-plans

12 Science Diplomacy https://www.sciencediplomacy.org/article/2020/learning-success-lessons-in-science-and-diplomacy-montreal-protocol

| 그림 출처 |

17쪽   PISA(OECD), 21st-Century Readers: Developing Literacy Skills in a Digital World, 2021.

21쪽   https://www.shutterstock.com

25쪽   https://www.shutterstock.com

30쪽   https://www.shutterstock.com

32쪽   https://www.shutterstock.com

38쪽   https://www.shutterstock.com

47쪽   https://www.shutterstock.com

52쪽   https://www.shutterstock.com

63쪽   https://lewisconwayjr.medium.com

70쪽   https://www.shutterstock.com

74쪽   https://www.shutterstock.com

78쪽   https://www.shutterstock.com

84쪽   https://www.shutterstock.com

94쪽   ANDRÉS MONCAYO, https://www.theatlantic.com

104쪽   https://www.oecd-forum.org

109쪽   TapTheForwardAssist, https://en.wikipedia.org CC BY-SA 4.0

116쪽   https://www.shutterstock.com

119쪽   https://www.shutterstock.com

132쪽   https://www.shutterstock.com

137쪽   Mark, https://en.wikipedia.org CC BY-2.0

142쪽   Hamed Jafarnejad, https://en.wikipedia.org CC BY-SA 4.0

161쪽   N509FZ, https://en.wikipedia.org/ CC BY-SA 4.0

163쪽   Thomas LOMBARD, https://commons.wikimedia.org CC BY-SA 3.0

172쪽   https://innovationatwork.ieee.org

189쪽   https://www.shutterstock.com

202쪽   https://www.thesslstore.com

218쪽   Marc Schlumpf, https://en.wikipedia.org CC BY-SA 3.0

224쪽   https://www.shutterstock.com

229쪽   L.tak, https://en.wikipedia.org CC BY-SA 4.0

232쪽   Danazar, https://commons.wikimedia.org CC BY-SA 4.0

234쪽   Nick-D, https://en.wikipedia.org CC BY-SA 4.0

244쪽   https://www.scimex.org